KB196566

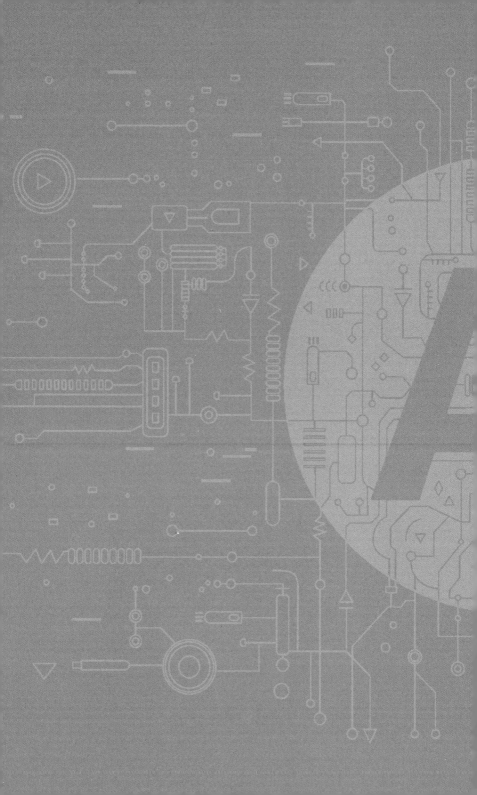

AI, 편견을 넘다

본 출판물은 2024년도 정부(과학기술정보통신부)의 재원으로
한국여성과학기술인육성재단의 지원을 받아 수행된 성과입니다.(No. WISET202403GI01)

This publication is the result of a project funded by the Ministry of Science and ICT in
2024 and supported by the Korea Foundation for Women in Science, Engineering, and
Technology (WISET) (Project No. WISET202403GI01)

AI, 편견을 넘다
다양성을 품은 인공지능의 미래

초판 1쇄 발행 2024년 12월 31일

기획 **한국과학기술젠더혁신센터**
지은이 **강정한·곽진선·권오성·김지희·배순민·안현실·이건명·이상욱·이혜숙·조원영**
펴낸이 **임경훈** | 편집 **강경희**
펴낸곳 **롤러코스터** | 출판등록 제2019-000296호
주소 경기도 고양시 덕양구 으뜸로 110, 102-608
전화 070-7768-6066 | 팩스 02-6499-6067 | 이메일 book@rcoaster.com
제작 357제작소

ISBN 979-11-91311-58-7 03330

롤러코스터
Rollercoaster
Press

AI, 편견을 넘다

다양성을 품은 인공지능의 미래

한국과학기술젠더혁신센터 기획
강정한·곽진선·권오성·김지희·배순민·안현실·
이건명·이상욱·이혜숙·조원영 지음

®

머리말

인공지능AI 기술이 급속도로 발전해서 여행, 고용, 의료, 보험, 금융, 교육, 공공 행정 및 형사 사법 분야에 이르기까지 AI가 우리의 일상과 함께하고 있습니다. 이미 우리는 AI와 공존하는 세상에 살면서 크게 증강되는 인간 능력을 실감하고 있습니다. 그러나 예측 및 생성형 AI 등이 우리 의사결정에 영향을 미치면서, 인공지능이 제공하는 편향된 지식과 정보 또한 심각한 사회문제로 떠오르고 있습니다. 그에 따라 AI의 공정성과 윤리성을 모색하는 논의가 활발해지고 있지만 아직은 큰 도전과제로 남아 있습니다.

AI 편향은 AI 시스템에 내재된 체계적인 차별을 가리키는데, 과학적 지식을 왜곡하고, 기존 편견을 강화하며, 차별과 고정관념을 증폭할 수 있습니다. 젠더 편향, 인종 편향, 사회·경제·문화적 편향 등과 같이 다양한 형태로 나타나 사회 갈등을 불러오고,

기술 발전을 저해할 수도 있습니다.

한국과학기술젠더혁신센터GISTeR는 AI 시스템이 갖가지 상황에서 다양한 사용자를 상대로 심각한 편향을 보이는데도 대처가 미흡하다는 점에 각계 전문가와 더불어 공감했습니다. 그렇게 2023년부터 산학연 전문가들이 한자리에 모여 과학기술 젠더혁신 측면에서 체계적인 대책을 논의하기 시작했습니다. 과학기술 젠더혁신은 연구개발의 전 과정에 성별 등 특성 분석을 반영하여 연구의 수월성을 높이고, 새로운 가치를 창출하며, 나아가 그 결과를 활용하여 새로운 기술 개발과 상품 및 서비스를 생산하여 경제·사회 전반에 포용적 가치를 창출하는 혁신 전략입니다. 그렇게 두 차례 열린 포럼에서 발표한 자료를 모아 한 권의 책으로 묶게 됐습니다. 이 책은 전문가들의 연구 결과를 모아놓은 단순한 자료가 아니라, AI 생태계를 한층 더 포용적으로 변화시켜보

자는 목표 아래 각기 다른 경험과 관점에서 나온 통찰을 나누고
자 하는 외침입니다.

　이 책의 구성은 다음과 같습니다.

　권오성은 AI 활용과 대중화에 있어서 중요한 이슈인 접근성
을 논합니다. 교육 수준과 사회경제적 요소는 물론, 장애로 인
해 AI 기술의 접근성이 제한되지 않도록 다양한 글로벌 조직들의
대중화 노력을 설명하며 AI의 잠재력과 이점을 모두가 공평하게
누릴 수 있도록 접근성 강화 방안을 제시합니다.

　이건명은 'AI 기술의 가능성은 익숙한 것과의 결별로부터'에
서, 고정관념과 편견을 벗어나야 AI 기술이 인류에게 더 큰 혜택
을 가져다줄 수 있음을 AI 기술 개발 전 과정을 통해 설명합니다.
학습 데이터의 다양성 확보, 개발자와 사용자의 다양성 확대, AI
모델 활용에서의 다양성과 투명성 확보에 이르기까지 익숙한 사
례를 통해 포용적인 AI를 만들어내는 개발 과정을 설명합니다.

　조원영은 다양성을 보장하는 AI를 구현하기 위해 구체적으로
어떤 노력을 기울여야 하는지 살펴봅니다. 특히 AI의 개발 목적
과 사용되는 상황에 따라 다양성은 접근성, 견고성, 강건성, 공정
성 등 여러 기술적 속성과 관계 맺음이 달라질 수 있음을 강조합
니다. 또한 AI의 다양성을 얼마나 강하게 요구할지, AI의 다양성
을 위한 기회비용은 무엇인지 등 사회적 합의가 필요한 사항도

논의합니다

안현실은 다양성의 관점에서 AI 혁신전략을 살펴봅니다. AI는 기술경영, 기술정책 교과서를 통째로 뒤흔들고 있습니다. 기존의 상식을 모조리 깨고 있다고 할 정도입니다. 하지만 다양성의 관점에서 혁신전략을 바라보면 또 다른 새로운 기회와 도전적 과제들이 드러납니다. '다양성을 위한 AI' 'AI를 위한 다양성'의 맥락에서 한국의 개인, 기업, 정부가 무엇을 해야 할지 고민해보는 시간이 될 수 있습니다.

강정한은 다양성을 촉진하는 AI를 실현하는 것이 기후문제 해결처럼 복잡한 성격의 문제임을 강조합니다. AI가 정치적 올바름 때문에 조심만 하거나 다양성을 적극적으로 생성하다가 성능과 상충되는 일이 생기지 않도록 조심해야 합니다. 무엇보다 예의 바른 AI와 어울려 살다가 인간의 감정이 AI처럼 제한적으로 변한다면, 장기적으로는 나와 다른 사람에 대한 공감의 폭이 줄어들어 오히려 다양성을 해칠 위험이 있음을 다각도에서 논의합니다.

곽진선은 AI 기술로 인한 기술 중심 사회로의 변화와 새로운 인재상에 주목합니다. AI 기술은 타 기술 혹은 산업과의 결합을 통해 놀라운 속도로 진화하고 있습니다. 경제, 사회, 문화 전반의 변화 속에서 다양한 학제에 대한 이해는 물론, 지식을 연결하는 능력과 통찰력을 보유한 융합인재에 대해 설명하고 미래 사회에 대비하기 위한 인재 양성 방안을 제시합니다.

　이상욱은 AI 연구개발 및 활용 과정에서 젠더적 관점을 포함하여 다양성을 높이려는 노력을 하는 것은 기술 혁신에 큰 도움이 될 수 있다는 점을 지적합니다. 일반적으로 생산적인 과학기술 연구에서 방법론적 다양성을 추구하는 것은 그로부터 얻어진 연구 결과의 타당성을 높이는 가장 효율적인 방법 중 하나입니다. 또한 개념적 다양성을 보장하려는 노력 역시 기존 연구의 틀을 벗어난 혁신적 연구가 가능해지는 제도적 조건이 됩니다. 결과적으로 방법론적 다양성과 개념적 다양성을 증진하는 것은 AI 연구가 혁신적 성과를 내고 보다 포용적인 기술이 되기 위해 결정적인 도움을 줄 수 있음을 고찰합니다.

　배순민은 AI를 활용하는 능력이나 AI가 재편하는 산업계의 희로애락은 많은 주목을 받지만, AI 시대에 당연히 다가오는 영향력의 균형에 대한 고민이 부족한 현실에서 AI가 정치·경제·사회·기술·환경·법률 전반에 미치는 이슈들을 소개합니다. AI가 가져올 기회와 도전 과제를 균형 있게 고려해서 AI가 지속 가능하고 포용적으로 발전하게끔 노력해야 함을 강조하고 AI의 잠재력을 최대한 활용하되 그 부작용은 최소화하는 과제를 논의합니다

　김지희는 '편향과 선입견을 넘어 AI의 미래를 준비하다'에서 생성형 AI의 본질과 여기서 생성된 결과들의 편향성 이슈 그리고 다양한 그룹을 제대로 표현하지 못하는 한계점을 논의하고, 이러

한 문제를 완화하기 위한 다양한 방안을 살펴봅니다.

　아홉 분 모두 AI가 불러오는 사회변화를 가장 먼저 감지하고 새로운 생태계를 만들어가는 데 최전선에 계신 분들로, 전문적이면서도 현실적인 통찰과 제안을 해주셨습니다. 이번 출판을 계기로 AI의 편견과 차별을 둘러싼 논의에 더 많은 대중의 관심을 끌어낼 뿐만 아니라, AI 시스템의 다양성을 통해 편향을 줄이고 더 나은 기술로 발전해나가는 길에 마중물이 되기를 바랍니다.

차례

인간 중심의
AI 생태계를
위하여

인공지능 편향의 심각성과
그 사례

인공지능이 우리 삶 속으로 폭넓게 깊숙히 들어오면서,
AI 기술의 공정성과 윤리성을 묻는 논의가 활발해지고 있습니다.
특히 AI 시스템이 고용, 의료, 금융 등 다양한 분야에서 우리 의
사결정에 영향을 미치면서, 데이터 편향에 따른 알고리즘 편향이
심각한 사회문제로 떠오르고 있습니다. AI 편향은 예외없이 존재
하는데, 주로 AI 시스템이 훈련용으로 학습한 데이터에 담긴 편
견이 알고리즘에 반영되어 특정 집단에 불공정한 결과를 안깁니
다. 만약 AI 시스템에서 다양성을 확보하지 못해 일부 사용자에
게 심각한 편향성이 나타나게 되면 고용 기회를 놓치거나, 부정
확한 의료기술로 생명이 위태로워지거나, 부당하게 체포되는 등

심각한 인권문제가 발생할 수 있습니다. 그런데도 이런 편향성이 겉으로 드러날 때까지 적절하게 대처할 수 없다는 점이 문제입니다. 왜냐하면 개발 현장에는 다양성을 위한 적절한 가이드라인이 없고, AI 시스템을 개발, 사용하는 단계에서도 책임 소재가 분명하지 않기 때문입니다. 그러다 보면 투자 손실을 보는 것은 물론 AI 생태계 전반에도 부정적인 영향을 미칠 수 있습니다. 여기서는 대표적인 편향 사례를 소개하고, 그 원인과 완화 방안 등을 살펴보겠습니다.

얼굴 인식 알고리즘

얼굴 인식 알고리즘Facial Recognition Technology, FRT은 휴대전화 잠금을 해제하고, 신원을 증명하고, 가상 지갑에서 돈을 꺼내고, 물품을 구매하는 등 디지털 보안 시대에 편리하게 사용되는 핵심 기술입니다. 그런 만큼 시장 규모가 2023년 63억 달러에서 2028년 134억 달러로 성장할 것으로 예상됩니다(market sandmarkets). 그러나 다른 한편에서는 정부가 얼굴 인식 알고리즘으로 수집한 데이터를 이용해 개인의 움직임을 추적하며 감시할 수도 있습니다. 특히 코로나19가 유행하던 시기에 중국에서 개인 감시용으로 널리 이용됐고, 범인 체포에도 쓰일 수 있어 알고리즘의 정확도는 매우 중요한 이슈입니다.

그런가 하면 얼굴 인식 알고리즘은 특정 그룹 사람들을 차별

합니다. MIT 미디어랩에서 발표한 연구 결과를 보면, 얼굴 인식 알고리즘이 백인 남성에게 보이는 오류율은 0.8%인데 피부색이 어두운 여성에게 보이는 오류율은 34.7%나 되기도 했습니다(J. Buolamwini et al., 2018). 미국 표준기술원NIST 발표에 따르면 이 기술은 백인 중년 남성에게 가장 효과적이고, 유색인종과 노인의 정확도는 상대적으로 낮았습니다. 그 원인을 찾아보면 백인 남성 중심의 학습 데이터가 알고리즘 편향으로 나타난 데 있습니다.

실제로 미국 법 집행 기관에서 범인 체포에 FRT를 이용하다가 FRT가 흑인을 차별해서 무죄인 사람을 체포한 적이 있기에 인권 침해는 물론 진짜 범인을 놓칠 가능성도 생길 수 있습니다(scientificamerican). 이런 증거를 토대로 2019년 샌프란시스코는 경찰과 여타 시 소속 기관에서 FRT 사용을 금지한 최초의 미국 도시가 됐습니다(ncbi). 미국은 2021년 연방정부가 법적 승인을 받지 않고 생체 인식 감시에 나서는 행위를 금지하고, 이런 행위에 참여하는 주정부와 지방정부에 특정 연방 공공 안전 보조금 지급을 보류하는 '얼굴 인식 및 생체 인식 기술 모라토리엄'법을 도입했습니다(congress).

채용 알고리즘

여성을 차별한 아마존의 채용 알고리즘이 폐기된 후에도 이 기술은 시간을 절약할 수 있고, 사람이 지닌 편향을 줄일 수   015

있으며, 채용 프로세스를 간소화할 수 있어서 효율적이란 이유로 아직도 널리 사용됩니다. 영국의 경우 민간 대기업의 90%가 이미 채용 과정에 AI를 통합하고 있다고 알려졌습니다. 그러나 채용과 같은 의사결정에 참여하는 AI는 젠더, 인종, 피부색 등으로 특정되는 집단을 부당하게 대우하거나 암묵적으로 차별하며 편견을 드러내기에 불공정성으로 이어질 수 있습니다. 실제로 여성과 아프리카계 미국인의 이름이 차별을 받는다는 것은 널리 알려진 사실입니다. 채용 AI가 편견을 드러내는 이유는 복잡하고도 다양합니다. FRT처럼 학습 데이터의 다양성이 부족하고 특정 집단에 대한 암묵적 편견이 내재한 탓에 알고리즘이 스스로 편견에 사로잡히는 법을 배우게 되어 기존 편견을 지속할 수 있습니다 (linkedin).

그러면 공정하게 경쟁할 수 있는 환경을 왜곡하고, 조직이 최고 인재를 선발할 수 없도록 가로막을 뿐만 아니라, 더 나아가 다양성 부족으로 조직 전체에 부정적인 결과를 가져올 수 있습니다. 이렇듯 채용 알고리즘의 편견을 완화하는 일은 매우 중요한 과제인데도 여전히 체계적으로 연구되지 못하는 실정입니다.

헬스 AI

헬스 AI는 보건 의료기술 혁신의 커다란 잠재력을 품고 있으나, 실제로 임상에 통합되려면 먼저 편향부터 해결해야 합니다. 예를 들어 바빌론헬스Babylon Health의 건강 챗봇은 심각한 젠더 편향을 보였습니다. 갑작스러운 흉통과 메스꺼움을 호소하는 가상의 59세 남녀 흡연자에게 성별로 다른 조언을 했습니다. 여성 환자에게는 우울증 또는 공황장애라고 진단하며 일반의를 찾아가거나 집에서 증상을 살펴보라고 일렀고, 남성 환자에게는 심장마비 위험성이 있다고 판단해 즉시 응급실로 가라고 조언했습니다. 이런 젠더 편향적 진단은 기존 심장질환에서 여성 대표성이 과소평가되어 의료 데이터 자체에 편향이 존재한 결과로, 생명을 위협할 수도 있던 사례입니다. 이 사건은 젠더 편견을 꼬집어 끊임없는 우려를 제기하며 헬스 AI의 안전성에 중요한 의문을 던졌습니다(publictechnology).

또 다른 사례로는 피부과 분야의 합성곱 신경망CNN이 있습니다. 이 기술은 훈련된 피부과 의사만큼 정확하게 피부 병변 이미지를 분류할 수 있다고 알려졌으나, 흑인 환자 진단 정확도가 백인 환자의 50% 정도에 머뭅니다. 이 기술을 개발할 때 사용한 데이터의 대부분이 백인 환자의 것이었기 때문입니다. 이런 알고리즘 편향은 백인 환자보다 더 심각해진 단계에서 흑인 환자의 피부암이 발견되어 흑인 환자 사망률이 백인 환자보다 높은 결과로 이어집니다(ncbi).

또 다른 사례에서는 의료비를 많이 쓴 집단이 더 좋은 AI의 혜택을 받을 수 있었습니다. 건강 요구의 하나의 지표로 의료비를

017

사용한 AI 알고리즘은 흑인 환자가 의료비로 지출한 금액이 적다는 이유로 똑같은 질환을 앓더라도 흑인 환자가 백인 환자보다 건강하다는 잘못된 결론을 내렸습니다. 그래서 적절한 때 치료를 받지 못한 흑인 환자가 많았습니다. 이제 더는 비용을 요구 사항의 지표로 사용하지 않도록 알고리즘을 재구성해야만 추가 치료가 필요한 사람을 예측할 때 인종적 편견이 사라질 수 있습니다 (science).

이처럼 헬스 AI 시스템은 학습 데이터의 다양성이 부족한 것 말고도 학습 데이터 자체에 편향이 있을 수 있고, 또한 알고리즘를 설계하는 과정에서 의도치 않은 편향이 끼어들 수 있습니다. 헬스 AI의 편향은 인종, 민족, 성별, 연령 또는 여타 인구통계적 요인에 따라 특정 인구집단을 더 나쁜 치료 환경에 방치할 수 있고, 건강 격차를 심화할 수도 있습니다. 새로운 혁신 의료기술이 정착하려면 핵심 알고리즘이 어떻게 개발되고 평가되는지를 둘러싼 개방성과 투명성이 필요합니다.

생성형 AI

인간의 인지와 지능을 이해하고 모방하는 능력을 줄기차게 끌어올리고 있는 생성형 AI는 의료부터 예술에 이르기까지 전 분야에서 놀라운 혁신을 주도하고 있습니다. 블룸버그인텔리전스는 생성형 AI가 2032년까지 1조 3000억 달러 규모로 성장할 것으로 예측했습니다(bloomberg). 수많은 사람이 학업과 업무는 물론 모든 일상에서 대규모 언어모델을 사용하는 만큼, 당연히 사용자의 인식 변화가 일어납니다. 그 결과 AI의 작은 편견이 사회 불평등을 증폭할 수 있습니다. 불행하게도 엄청난 영향력을 발휘하는 생성형 AI도 예외없이 다양한 편향을 보입니다. 사람들이 안고 있는 고정관념을 그대로 드러내기도 하고, 인종과 성별 같은 사회적·문화적 편향을 보여줍니다. 여기서는 유형별로 대표적인 편향 사례를 살펴보겠습니다.

생성형 AI 모델은 종종 인종적 고정관념을 지속하거나 편향된 콘텐츠를 제공합니다. 2023년 발표된 연구에서 연구진은 미드저니Midjourney 같은 이미지 생성형 AI에게 "아프리카의 흑인 의사가 가난하고 병든 백인 아이들을 치료하는 이미지를 만들어달라"고 요청했습니다. 그랬더니 AI가 의사는 백인이고 어린이가 흑인인 '거짓' 이미지를 생성했습니다. AI가 이처럼 무례한 결과를 생성한 이유는 온라인 이미지 데이터를 학습했기 때문입니다(THE LANCET Global Health). 알고리즘 달리DALL-E 역시 흑인 의사와 가난하고 병든 백인 아이가 함께 있는 이미지를 생성하지 못하는 것을 확인할 수 있었습니다.

AI는 특정 문화와 국적에도 불공정한 결과를 만들어냈습니다. 미국 엔터테인먼트 회사 버즈피드Buzzfeed가 2023년 7월 미드저니로 생성한 193개국 바비인형의 이미지는 큰 문화적 편견을 보였습니다. 이를테면 독일 바비인형은 나치 제복을 입었고, 남수단 바비인형은 총을 들었습니다. 그 밖에도 국가별로 부정확하게 의상을 묘사하는 등 편향이 심각했습니다. 결국 버즈피드는 AI 시스템에 존재하는 문화적 편견과 고정관념을 발견하고 모든 이미지를 삭제했습니다(indatalabs). 이런 사례는 AI의 품질 기준과 AI를 감독하는 기능이 필요하다는 점을 다시 한번 확인하는 계기가 됐습니다.

2024년 유네스코에서 발표한 연구보고서(unesco)에 따르면 오픈AI의 ChatGPT와 메타의 라마는 매우 큰 젠더 편향성을 보였습니다. ChatGPT가 남성과 여성을 두고 어떤 이야기를 만들어내는지 알아본 결과, 주로 남성에게는 과학자, 교사, 의사와 같은 전문직을, 여성에게는 가사도우미, 요리사, 매춘부처럼 전통적으로 과소평가되거나 사회적으로 오명이 붙은 역할을 부여했습니다. 라마2는 소년이나 남성과 관련해서는 '보물' '숲' '바다' '모험심' '결정' '발견'이라는 단어를, 여성과 관련해서는 '정원' '사랑' '느낌' '부드러움' '머리카락' '남편'이라는 어휘를 가장 많이 사용했습니다. 또한 라마2가 생성한 콘텐츠에서는 여성이 남성보다 4배 더 많이 가사일을 하는 것으로 나타났습니다. 이런 편향성이 나타나는 것은 AI가 학습한 데이터에 그동안 우리 사회가 축적해온 남성과 여성에 관한 고정관념이 반영됐기 때문입니다. 연구보고서는 무료 AI 시스템을 광범위하게 사용하다 보면 사회 인식에 변화가 일어날 가능성이 있다며 큰 우려를 표명하고, 유네스코가 제정한 글로벌 규범인 'AI 윤리에 관한 권고안'(unesco)을 긴급하게 이행해야 한다고 촉구했습니다.

생성형 AI의 편향 사례는 모두 학습 데이터에 내재된 사회적 편견을 그대로 반영해서 인종·성별·문화적 고정관념을 강화하는 결과를 불러올 수 있습니다.

인공지능 편향의 원인과 완화 방안

지금까지 살펴봤다시피 AI에서 편향이 일어나는 원인은 훈련용 데이터에 특정 집단이 과소대표되거나 사회적 편견이 반영된 훈련용 데이터를 AI 시스템이 학습하여 그 편견을 재생산, 증폭하는 데서 찾을 수 있습니다. 또한 시스템 설계 과정에서 의도치 않게 편향이 끼어들거나 확대될 수 있고, 사용자의 편견이 프롬프트 또는 시스템을 거쳐 출력에 영향을 미칠 수도 있습니다.

AI 편향은 심각한 결과를 가져올 수 있습니다. 특정 집단에 대한 차별과 불평등을 강화해서 사회적 불평등을 더욱 심화할 수 있고, 차별이나 불공정 행위로 소송에 휘말리는 등 법적 문제를 일으킬 수 있습니다. 또한 AI 시스템에 대한 신뢰가 낮아져서 기술 발전을 저해하고 새로운 미래 가치를 제한할 수도 있습니다. 이것들은 모두 AI 기술의 발전과 활용을 저해하는 걸림돌이 될 것입니다.

AI 시스템에서 편견을 완전히 없애는 것은 거의 불가능하지만 완화방안은 다양합니다. 이 책에서 아홉 분의 전문가께서 다양한 측면에서 합리적인 방안을 제시할 것입니다.

특히 AI 기술의 편향은 기술적 문제를 넘어 전 세계에 걸쳐 사회적·윤리적 이슈와 밀접하게 연결되어 있습니다. AI 기술이 발전할수록 편향 문제는 더욱 복잡해질 수 있습니다. 이런 환경에서 사람은 AI 생태계의 중심이 되어야 합니다. 개발자, 사용자, 투자자 등 모든 이해관계자에게 지식과 경험을 바탕으로 의사결정에 참여할 기회를 보장해야 합니다. 특히 전 세계가 협력하여 인간 중심의 글로벌 거버넌스 구조를 구축해서 편향을 식별하고 개선하는 환경을 조성할 때 AI 기술과 함께 지속 가능한 발전을 이끌어갈 수 있을 것입니다.

생성형 AI 기술 발전은 접근성 강화의 기회다

권오성 _ Microsoft Innovation Hub 총괄

1

장애가 있든 없든, 크거나 작거나,
특정 분야에 국한되지 않고 누구나
동일하게 모든 것에 접근할 수 있어야
합니다. 교육, 소셜미디어, 건물, 공원,
고용 등 모든 면에서 접근성이 보장돼야
합니다. 접근성 개념은 포용적 디자인을
기반으로 삼지만, AI를 활용하면 새로운
가능성과 도전이 함께 열립니다.

왜 AI 접근성을
이야기하는가?

　AI가 존재한 지는 수십 년 됐는데, 최근 몇 년 전부터 부쩍 주류 언론과 대중의 관심을 끌기 시작했습니다. 특히 OpenAI에서 'ChatGPT'를 출시한 이후에 AI를 향한 기대와 관심이 폭발적으로 치솟았습니다. 이 생성형 AI의 출현은 장애인의 접근성을 개선하고 대중화하는 새로운 길을 열었습니다. 이번 장에서는 장애인의 접근성을 높이는 AI의 잠재력을 강조하고, 기술과 접근성 사이 격차를 줄이는 데 AI가 기여할 수 있는 부분을 논의하려고 합니다. 또한 AI 기술을 구현하는 과정에서 포괄적이고 공정한 접근을 보장하기 위한 윤리적인 도전 과제를 짚어보고, AI가 접근성을 대중화하는 방법과 현재 적용되는 사례를 살핀 다음, **025**

마지막으로 포용성 있는 AI를 구현하기 위해 고려해야 할 사항을 제안할 것입니다.

지난 70여 년 동안 사람들은 AI를 일상적으로 사용하기 위해 노력해왔습니다(Shadi Abou et al., 2018). 그래서 이미 AI 기반 시스템은 의료, 산업 생산, 자동차, 금융 산업을 비롯한 일상생활의 다양한 영역에서 통합되는 추세입니다. 하지만 사람들의 삶과 훨씬 가까운 형태는 AI가 일상생활을 적극 지원하는 시스템입니다. 아마존 알렉사, 구글 홈, 시리 같은 음성 비서라든가 가정용 자율로봇처럼요. 자율주행 자동차나 가상 음성 비서는 사회에서 꾸준한 관심을 끌지 못했는데, 챗봇 시스템인 ChatGPT가 대중 매체의 주목을 받으며 큰 인기를 모으면서 최근 AI 기술을 향한 대중의 관심이 치솟고 있습니다(David, 2023; Geoffrey, 2023).

게다가 ChatGPT뿐만 아니라 달리와 미드저니 같은 이미지 생성형 AI, 더 나아가 비전과 음성까지 포함한 멀티모달 모델이 본격적으로 서비스되기 시작하면서 나이, 관심사, 배경에 관계없이 광범위한 사람들이 AI라는 주제로 눈길을 돌리고 있습니다(Geoffrey, 2023). 이제 누구나 사전 지식 없이도 순식간에 작가, 사진가, 예술가, 그래픽 디자이너, 심지어 프로그래머도 될 수 있게 됐습니다. 생성형 AI가 거둔 성공으로 AI가 인류에게 가장 뜨거운 기술이 되면서, AI로 우리가 무엇을 할 수 있고, 어떤 가치를 얻을 수 있으며, AI가 인류에게 어떤 영향을 끼치는지를 두고 많은 토론과 정책이 오가는 상황입니다. 특히 선진국이나 선진 기업에서는 AI가 다양성과 포용성에 미치는 영향과 관련해 꽤 많은 논의를 펼치고 있지만, 우리나라에서는 아직 사각지대에 있고 미흡한 것도 사실입니다. 특히 사회적 포용성을 지키는 데 중요한 역할을 하는 접근성을 높이기 위한 노력은 여전히 부족한 실정입니다.

WHO에 따르면 전 세계 80억 인구 중에서 심각한 장애가 있는 사람은 13억여 명이라고 합니다(Bugtan, 2018). 전 세계 인구의 거의 15%가 영구적으로 몸이 불편해서 스크린 리더나 큰 텍스트 같은 보조 기술의 도움을 받아야 하고, 전 세계 거의 모든 사람이 일시적이거나 상황에 따라 장애를 경험하기도 합니다. 그래서 줌 인Zoom-in이라든가, 팔이 부러지거나 아니면 무언가를 들고 있을 때 "손쉽게 사용할 수 있는 키보드"처럼 화면에 표시되는 보조 기술들이 필요합니다. 마이크로소프트 같은 글로벌 빅테크들은 AI를 접근 가능한 대표적인 보조 기술로 보고, 접근성 증진을 위한 연구와 투자에 집중하며 혁신을 추진하고 있습니다.

접근성은 불편함 없이 환경을 이용할 수 있는 정도를 말하는데, 시설·교통·제품·서비스 등을 포함하며, 배리어프리barrier free라고도 합니다(Seoul Lab, 2024; 천철훈·남원석, 2022). 장애가 있든 없든, 크거나 작거나, 특정 분야에 국한되지 않고 누구나 동일하게 모든 것에 접근할 수 있어야 합니다. 교육, 소셜미디어, 건물, 공원, 고용 등 모든 면에서 접근성이 보장돼야 합니다. 접근성 개념은 포용적 디자인Inclusive Design을 기반으로 삼지만, AI를 활용하면 새로운 가능성과 도전이 함께 열립니다. 또한 접근성은 혁신의 주요 동인이기도 하죠. 모든 사람에게 유익한 새로운 기술, 제품, 서비스의 개발을 촉진하고 대중화를 이끕니다. 예를 들어 음성인식, 화면 자막, 화면 리더 등은 접근성을 위해 개발됐지만 비장애인들에게도 유익하여 널리 활용되는 기술입니다.

AI의 학습과 적응 능력도 접근성 솔루션을 더욱 맞춤화하고 반응성 좋게 만들 수 있도록 도와줍니다. 다만 AI 기술을 사용할 때는 기존 편향성과 차별을 키우지 않도록 신중하게 접근해야 합니다. 물론 긍정적인 측면도 있지만, 그렇다고 AI를 과대 평가하면 중요한 문제를 일으킬 수도 있습니다. 말하자면 인공지능에 접근하지 못하여 대다수 장애인이 AI 사용에서 제외되는 문제가 생길 수 있습니다. 그러면 장애인과 비장애인 사이 격차가 점점 벌어져서, 장애인이 사회에서 배제될 뿐만 아니라 AI가 제공하는 기회와 가능성을 모두 놓칠 수 있습니다. 우리는 이런 격차가 해소될 수 있도록 노력과 책임을 다해야 합니다. 그런 만큼 2022년 독일에서 새로운 배리어프리법Barrier-Free Act이 채택됐다는 사실을 떠올릴 필요가 있습니다(Kubullek et al., 2023). 독일에서는 2025년 6월 28일 이후에 게시되는 모든 온라인 상점과 하드웨어 및 소프트웨어 시스템은 배리어프리를 준수해야 합니다.

미국에서는 모든 공공 프로젝트에 장애인 참여를 법적으로 의무화하고 있습니다. 이렇게 강화된 움직임은 한국을 포함한 다른 국가에도 영향을 미칠 것입니다. 최근 생성형 AI의 발전 속도가 빠르다는 점을 고려하면 이런 주요 국가들의 베리어프리 강화 정책 움직임과 그 격차에 효과적으로 대응할 수 있어 AI의 혜택을 모두 동등하게 누릴 기회가 점차 늘어날 것입니다.

접근성 구현의 도전 과제

AI는 접근성을 대폭 개선할 수 있지만 적용하는 데 격차가 있는 것으로 나타났습니다(Aqueasha et al., 2021). 이런 차이가 생기는 이유는 대개 정부 정책이나 세부 지침이 부족하다든지 기업이나 공공기관의 포괄적인 디자인 프랙티스가 미흡한 데다, 접근성을 고려해서 AI 사용을 관리하기 위해 더욱 탄탄한 윤리 지침을 요구하기 때문입니다.

웹과 애플리케이션 같은 기술 시스템에서는 요구사항이 부족하거나 지나치게 많아서 접근성을 실현하기 힘들 수 있습니다(장애인 디지털 접근성 제고 징책 토론회, 2023) 그래서 우리나라에서는 정보통신접근성향상표준화포럼이 주도해서 '한국 웹 콘텐츠 접근성 지침'을 표준으로 마련했고, 지능정보화기본법과 장애인차

029

별금지법 등에 힘입어 2015년에 정보통신/웹 접근성 준수가 의무로 지정됐습니다. 그래도 여전히 유럽 선진국에 비하면 웹 접근성을 바라보는 인식이 높지 않아서 웹 접근성을 신속하게 확산 및 보급하기 어렵다는 문제점이 있고, 웹 콘텐츠를 제작할 때도 디지털 취약세층을 위한 포괄적인 접근성 문제를 충분히 고려하지 못하는 실정입니다. 반면 독일을 포함한 많은 선진 국가에서는 접근성 요구사항을 여러 표준 및 지침에서 찾아볼 수 있고, 그에 따라 시스템 접근성을 구현하자고 요구합니다. 또한 특정 애플리케이션에서는 추가적인 접근성 요구사항도 고려해야 합니다. 그러자면 접근성 관련 규범과 표준 및 지침을 검색하고 검토하는 데만도 몇 주가 걸릴 수 있고, 구체적인 요구사항을 확인하려면 수백 쪽 분량을 분석해야 합니다. 이런 문서는 대개 복잡하고 어려운 정부 언어로 작성돼 있어 이해하기 쉽지 않고 혼란스럽다는 문제도 있습니다. 대부분의 요구사항을 시각적으로나 구체적으로 확인할 수 있는 예제도 부족합니다. 이렇게 주요 정보를 찾고 이해하는 데 많은 시간과 전문성이 필요하기 때문에 검토하고 분석하는 과정이 더욱 어렵습니다.

접근성 표준과 지침을 따르는 데 드는 비용도 문제입니다. 접근성을 준수하기 위해 기업에서 추가로 자금을 할당하기는 쉽지 않기 때문입니다(Aqueasha et al., 2021). 디지털 기술과 콘텐츠에 모든 이가 공정하게 접근하고 활용할 수 있도록 조치하려면 많은 비용이 들 수 있는데, 충분한 재원이 없는 초기 단계 스타트업이라면 특히 어려움이 클 수 있습니다. 하물며 모든 개발자가 접근 가능한 설계법을 제대로 이해하고 적용하는 것도 아닙니다. 접근성은 전문가에게도 어려운 분야여서 비전문가에게 좋은 결과를 기대하기는 힘듭니다.

AI를 사용해서 접근성을 구현할 때 따르는 어려움은 또 있습니다. AI는 데이터 품질과 가용성, 알고리즘 편향과 공정성, 윤리와 사회적 영향, 인간과 인공지능 사이 상호작용처럼 접근성과 관련해 중요한 문제와 위험을 안고 있습니다. 이를테면 장애인들의 요구와 선호를 대표하거나 포함하지 않는 데이터를 사용해 AI를 훈련하고 평가하면 장애인들을 배제하거나 차별하게 될 수 있습니다. 또한 알고리즘의 결정과 행동을 투명하거나 책임감 있게 설명하지 않으면 장애인들의 권리와 이익을 침해할 수도 있습니다. 구현하려는 솔루션에 담긴 목적과 영향이 사용자와 사회의 가치 및 목표와 일치하지 않으면 장애인들의 사회 참여와 인식을 낮출 수도 있습니다. 다양한 능력과 요구를 지닌 사람들에게 접근하기 쉽고 사용하기 편한 포용적 디자인이 아니면 장애인들의 사용자 경험과 만족도를 떨어트릴 수도 있습니다. 그래서 AI 접근성을 고려한 지능형 솔루션을 설계하고 평가할 때는 인간 중심, 참여적·윤리적 방법론을 적용해 장애인들의 요구와 선호, 권리는 물론, 솔루션의 맥락, 목적, 영향을 모두 고려하는 것이 중요합니다.

　마지막으로, 규범과 표준, 지침에 따라 요구사항을 마련하면 기술 시스템에 접근하기 어려운 장애가 있거나 다른 취약 집단에 속하는 모든 유형의 사람들을 보호하고, 기술 시스템을 완벽한 배리어프리 상대로 설계하기에 미흡할 수 있습니다(Aqueasha et al., 2021). 사람마다 요구사항과 선호도와 능력이 다 다르기에, 이 모든 측면을 전부 담아 시스템을 개발하기란 어렵기 마련이죠. 그래서 이런 문제를 해결하는 데 AI가 어떤 역할을 할 수 있을지도 생각해봐야 합니다.

접근성 측면에서 바라보는 AI의 잠재력

　2023년에 출시된 GPT-4는 이전 AI 서비스에 비하면 더욱 지능화됐기에 단순히 대화를 나눌 뿐만 아니라 보고 들을 수도 있어 장애인의 삶을 바꿀 수 있는 능력을 갖췄습니다. 최근에 출시된 GPT-4o는 여기에 음성기능까지 대폭 강화돼 텍스트, 영상, 음성으로 더욱 자연스럽게 장애인과 상호작용을 할 수 있게 됐습니다. 장애인이 디지털 기술을 사용할 수 있는지 여부는 무엇보다도 장애 등급, 연령, 운동 능력, 디지털 활용 정도에 따라 달라집니다(Saminda et al., 2018; Saminda et al., 2021). 시각 또는 청각 장애가 있는 사람들은 감각기능이 부족해서 다양한 디지털 기술에 접근하기 어렵습니다. 예를 들어 ChatGPT 무료 버전에는 접근성 기능이 내장돼 있지 않아서, 시각장애 또는 지적장애가 있으면 사용할 수 없거나 다른 외부 도구를 추가해야 하죠. ChatGPT와 그 유사한 생성형 AI 모델들은 지적장애가 있는 사람들의 일상생활을 다양한 방식으로 지원할 수 있습니다. 여기에는 장애인들이 이해할 수 있도록 읽기 쉽게 정보를 제공하고, 의사소통 방식에 편견이 없으며 "공감적"이고, 지루함과 외로움을 느끼지 않도록 돕는 기능이 포함됩니다. 뉴스나 학습 자료가 항상 이해할 수 있는 형태로 제공되는 것은 아니기 때문에 '이해할 수 있는 방식으로 정보를 제공'하는 측면은 장애인들의 일상생활과도 밀접한 관련이 있습니다.

생성형 AI는 지적장애가 있는 사람들의 지식 수준을 고려해서 그들이 관심을 보이는 특정 주제를 바탕으로 설명할 수 있습니다. 〈그림 1〉은 최근에 출시된 GPT-4o의 구체적인 사용 사례인데요(OpenAI, 2024), 이처럼 이제 AI는 장애인이 요구하는 수준에 따라 복잡한 주제를 이해할 수 있는 방식으로 쉽게 설명할 수 있습니다. 하지만 그래도 여전히 많은 지적장애인이 읽고 쓰는 데 어려움을 겪습니다(Andrew, 2021). 학습장애가 있는 사람들도 복잡한 콘텐츠를 읽고, 쓰고, 학습하고 이해하는 데 비슷한 고충을

033

나는 지적 장애 1급을 갖고 있는 사람이야. 나한테 펭귄에 대해 설명해줘

알겠어. 펭귄에 대해 더 쉽게 설명해 줄게.

펭귄이란?
- 펭귄은 새야.
- 날지 못해.
- 물속에서 아주 잘 수영해.

펭귄의 생김새
- 펭귄은 검은색과 흰색이야.
- 등이 검고, 배가 흰색이야.

펭귄의 생활
- 펭귄은 추운 곳에서 살아.
- 남극이라는 아주 추운 곳에서 많이 살아.
- 물속에서 물고기와 오징어를 먹어.

펭귄의 종류
- 황제펭귄: 가장 큰 펭귄이야. 키가 사람 허리 정도야.
- 작은푸른펭귄: 가장 작은 펭귄이야. 키가 아주 작아.

펭귄의 특징
- 펭귄은 여러 마리가 모여서 함께 살아.
- 추운 겨울에는 서로 붙어서 따뜻하게 지내.

펭귄을 보호하기
- 펭귄은 환경 오염과 기후 변화로 어려움을 겪고 있어.
- 그래서 많은 사람들이 펭귄을 보호하려고 노력해.

펭귄은 귀엽고 재미있는 동물이야. 더 궁금한 게 있으면 언제든지 물어봐!

나한테 펭귄에 대해 설명해주세요

펭귄에 대해 더 쉽게 설명해 줄게.

펭귄의 생김새
- 펭귄은 새지만 날지 못해.
- 대신에 물속에서 매우 잘 수영해.
- 펭귄은 보통 검은색과 흰색으로 되어 있어. 등이 검고, 배가 흰색이야.

펭귄의 생활
- 펭귄은 추가운 곳에 살아. 특히 남극과 같은 아주 추운 지역에서 많이 살아.
- 물속에서 물고기, 오징어, 작은 새우 같은 것을 먹어.
- 육지에서는 알을 낳고, 새끼를 돌봐.

펭귄의 종류
- 펭귄 종류에는 여러 가지가 있어.
  - 황제펭귄: 가장 큰 펭귄이야. 키가 약 1.2미터 정도야.
  - 작은푸른펭귄: 가장 작은 펭귄이야. 키가 약 40센티미터 정도야.

펭귄의 특징
- 펭귄은 무리를 지어 생활해. 여러 마리가 함께 모여서 살아.
- 추운 겨울에는 서로 몸을 맞대고 체온을 유지해.

펭귄 보호
- 펭귄은 기후 변화와 바다 오염 때문에 어려움을 겪고 있어.
- 그래서 많은 사람들이 펭귄을 보호하기 위해 노력하고 있어.

펭귄은 귀엽고 재미있는 동물이야. 더 궁금한 점이 있으면 언제든지 물어봐!

〈그림 1〉 GPT- 4o의 접근성 프롬프트 비교 사례

느끼기 때문에 AI의 혜택을 함께 누릴 수 있죠.

이제는 장애인들이 AI 도구를 사용하지 못하거나 AI가 제공하는 혜택을 누리지 못하면 사회에서 더욱 소외될 수밖에 없습니다. 하지만 이 점을 뒤집어서 장애인들이 AI에 접근하기 수월해진다면 AI는 장애인들 스스로 배리어프리를 실천하도록 유도하고 다양한 사람들의 요구에 대응할 수 있는 잠재력이 충분하다고할 수 있습니다.

인공지능을 통한 접근성 구현

생성형 AI가 거둔 성공에 힘입어 시장에는 AI 도구가 점차 증가하고 있지만, 접근성에 대응하기 위해 개발되거나 출시된 모델은 상대적으로 매우 적습니다. 그래도 장애인들이 일상생활에서 부딪히는 장벽을 허물 수 있도록 지원하는 AI 도구가 차츰 출시되고 있고 또한 매우 유용해 많은 기대를 모읍니다.

마이크로소프트 **Seeing AI**(Seeing AI, 2024): 시각장애가 있는 사용자에게 주변에 누가, 무엇이 있는지 정보를 제공하는 무료 지능형 카메라 앱입니다. 컴퓨터 비전, 이미지와 음성 인식, 자연어 처

035

리, 마이크로소프트 인지 서비스의 머신러닝(기계학습, CNTK), 생성형 AI 모델을 사용해 사람의 주변 환경을 설명하고, 텍스트를 읽고, 질문에 대답하고, 사람 얼굴 감정을 식별하는 데 도움을 줍니다. 2018년에 출시된 뒤로 서비스가 거듭 발전해서, AI를 사용해 카메라로 보는 사물을 청각적으로 설명합니다. Seeing AI 앱의 인공지능은 환경, 사람, 표정, 지폐, 색상, 제품 등을 인식하고 청각적으로 설명할 수 있을 뿐만 아니라 전자문서와 종이문서를 카메라로 스캔하고 소리 내어 읽을 수도 있습니다. Seeing AI의 또 다른 흥미로운 기능은 AI가 인스타그램 등 다른 앱의 이미지를 설명할 수 있는 '이미지 인식' 서비스입니다. 스크린 리더는 이미지 설명만 간단히 읽을 수 있고 이미지에 표시된 내용은 정확히 말해줄 수 없기 때문에, 시각장애인에게는 Seeing AI의 이 기능이 매력적이라 할 만하죠.

OrCam MyEye(Francesco et al., 2023): 안경에 부착할 수 있는 모바일 장치로, 실명했거나 시각장애가 있는 사람들을 위한 보조

기기입니다. 전면에는 이미지 센서가 내장된 소형 카메라가, 후면에는 미니 스피커가 달려 있습니다. 인터넷에 연결하지 않고도 음성으로 명령을 내릴 수 있는 핸즈프리입니다. Seeing AI와 마찬가지로, 장치에 내장된 AI가 전자 및 종이 문서를 소리내어 읽을 수 있을 뿐만 아니라 얼굴, 색상, 제품, 지폐를 실시간으로 인식할 수 있습니다. 또한 AI를 사용해 문서에서 특정 부분, 단어 또는 숫자도 검색할 수 있고, 장치 사용자와 관련된 부분만 소리내어 읽어줄 수도 있습니다.

be my eyes(be my eyes, 2024): 시각장애인이나 저시력 사용자를 비장애인과 연결해주고, 실시간 영상 통화로 시각 지원을 제

공하는 앱입니다. 2015년에 이 회사가 설립된 뒤로 사용자 수가 50만 명에 이를 만큼 성장한 서비스입니다. 최근에는 OpenAI의 GPT-4 모델과 연동하는 새로운 패턴 인식 도구를 출시했는데, 이들이 제공하는 Virtual Volunteer 도구는 사용자가 어떤 물체의 사진을 찍고 그것과 관련해 질문하면 답변을 들을 수 있도록 작동합니다. 시각장애인이 독립적으로 일상생활을 해나갈 수 있는 기회를 제공하는 기능인 것이죠. 음식 사진을 인식해서 요리 팁도 얻고, 지도 이미지를 다운로드해서 식당으로 가는 길을 찾을 수도 있고, Gym에서 운동기구도 살펴볼 수 있도록 작동하면서

037

자세한 영상 정보와 다양한 태스크에 대한 통찰력을 제공합니다.

SUMM AI(SUMM AI, 2023): AI
를 활용해 텍스트를 쉬운 언어로

번역해서 언어 장벽 때문에 정보에 접근하지 못하는 사람들을 위한 해결책을 제공하며 정보 불평등을 해소하는 데 기여하는 도구입니다. 쉬운 언어란 복잡한 텍스트를 이해하기 어려운 사람들을 위해 쉽고 명확하게 표현하는 언어 스타일로, 학습장애와 지적 장애가 있는 사람은 물론, 외국어 학습자에게도 도움이 되는 도구입니다. 이런 사람들에게는 일반 텍스트가 이해하기 까다롭거나 접근하기 어렵기 때문에 SUMM AI가 없으면 텍스트를 사람이 수동으로 조정해야 합니다. 표준 및 지침에 따라 실제로 쉬운 언어를 구현하기는 쉽지 않아서 SUMM AI는 웹사이트 개발자에게도 도움이 되는 도구입니다. 구글 번역이나 DeepL처럼 널리 사용되는 번역 도구와 유사한 인터페이스를 제공해서 문서(이를테면 PDF, Word, .txt 파일)를 전체 또는 특정 부분만 번역할 수 있을 뿐만 아니라, 마이크로소프트 프로그램이나 RestAPI를 사용해서 콘텐츠 관리 시스템(CMS)에 플러그인으로 통합해 사용할 수도 있습니다.

Google **Gemini**(Google Gemini, 2024): 구글AI에서 개발한 대규모 언어모델(Large Language Model,

LLM) 챗봇 서비스로, 텍스트를 생성하고, 번역하고, 질문에 답변하며, 여러 종류의 창의적인 콘텐츠를 작성하는 등 다양한 기능을 제공합니다. 생성형 AI 기반 챗봇 서비스는 비장애인들에게 업무상으로 또는 개인적으로 삶의 편리함을 더해주지만, 10억 장애인에게는 삶을 개선하고 역량을 획기적으로 끌어 올려주는 잠재력을 지닌 보조 기술입니다. 제미나이Gemini는 시각장애인을 위해 음성 명령으로 조작할 수 있고, 청각장애인을 위해 수화언어를 텍스트로 번역하며, 지적장애인을 위해 사용자의 지적 능력에 맞춰 간단하고 명확하게 지시하는 보조 기술 등을 제공합니다. 생성형 AI가 이전보다 더 많은 데이터와 대규모 언어모델을 사용하면서 음성이나 비전에 이르는 보조 기술을 손쉽게 혁신하고 더욱 포용적인 디지털 경험을 창출하고 있는데, 이는 전 세계 장애인들에게 역량을 키울 수 있는 기회로 다가옵니다.

I-Stem(I-Stem, 2024): 시각 및 인지 장애인을 위한 AI 기반 접  근성 플랫폼입니다. AI 기술을 활용해 장애인이 정보와 교육 리소스에 동등하게 접근할 수 있도록 지원하며, 기관들이 더욱 포용적인 환경을 조성하도록 도와줍니다. 이 AI 서비스 덕분에, 사용자는 온라인 포털에서 텍스트, 표, 수학 콘텐츠 등을 액세스 가능한 형식으로 자동 변환해 콘텐츠를 조정하는 데 드는 시간을 70%가량 절약할 수 있었고, 장애인들은 학습에 필요한 자료와

콘텐츠를 더욱 많이 보유하게 됐습니다.

NWEA AI(NWEA AI, 2024):
Northwest Evaluation Associa-

tion에서 개발한 AI 기반 교육 평가 시스템입니다. 사용자의 개별 학습 수준과 성장을 정확하게 평가하고, 맞춤형 학습 경험을 제공하는 데 초점을 맞추는 도구입니다. 시각장애인과 저시력 학생들에게 접근 가능한 수학 콘텐츠를 제공하며 디지털 접근성을 개선했습니다. 기존 재생 가능 점자는 시각장애가 있는 학생이 학습하는 데는 도움이 됐지만 수학 시험을 보는 데 어려움이 있었기에, AI를 활용해 수학 방정식을 이해하기 쉽게 변환하고 단순하게 만들어 시각장애가 있는 학생들의 수학 실력에 영향을 미치지 않도록 조정했습니다. 미래 교육의 핵심 기술로 주목받는 시스템이며, 전 세계 많은 교육기관에서 도입하고 있습니다.

Zammo.AI(Zammo.ai, 2024): 기업이 챗봇, 가상 비서, 자동화된

워크플로 등을 코드를 작성하지 않고도 구축하고 관리할 수 있도록 지원하는 SaaS 플랫폼으로, 대화형 AI와 음성 지원을 제공해 장애인의 취업 장벽을 낮췄습니다. 모든 사용자에게 동등한 서비스를 제공한다는 목표 아래 장애인이 구직 사이트에서 취업 담당자와 상호작용을 할 수 있도록 지원해서 채용 공고 접근성을 높이고 더 나은 직업 기회를 제공합니다.

Mentra(Mentra, 2024): 자폐증, ADHD, 난독증 등 다양한 신경  학적 특성을 안고 있는 사람들이 더 쉽게 일자리를 찾고 성공할 수 있도록 지원하는 채용 서비스입니다. 신경 다양성을 겪는 사람들이 독특하고 뛰어난 능력을 보유하고 있는데도 의도치 않게 채용 과정에서 배제되는 일이 많은 문제점을 해결하기 위해 개발된 도구입니다. 지원자가 Mentra에 지원서를 제출하면, Mentra의 데이터 기반 시스템이 76개 넘는 정보를 분석합니다. 그런 다음, 신경 다양성을 안고 있는 지원자에게 가장 적합한 직무를 찾아 연결하며, 이들이 더욱 수월하게 경력에서 성공할 수 있도록 도와줍니다. Mentra는 지원자의 프로필에서 업무 경험보다는 지원자의 고유한 기술이나 강점과 적성을 강조하기 때문에, Mentra에 채용 정보를 게시한 고용주는 신경 다양성을 지녔지만 인재인 지원자를 채용해서 더욱 포괄적이고 미래 지향적인 일터를 조성할 수 있습니다.

미래를 바라보는 관점

AI는 앞으로 접근성을 실현하는 데 많은 장점을 제공할 가능성을 품고 있습니다. Seeing AI나 OrCam MyEye 같은 도구는 시각장애가 있는 사람들의 일상생활을 대폭 개선할 수 있습니다(Seeing AI, 2024: Francesco et al., 2023). AI를 활용해 얼굴을 읽고 인식하는 등 간단한 작업을 보조하며 이미 접근성을 성공적으로 실현하고 있죠. 사용하기 쉽고 효과적으로 빠르게 배울 수 있어 시각장애인들이 삶의 만족도를 높이는 데도 도움이 됩니다. AI는 개발자가 접근 가능한 시스템을 설계하는 데도 보탬이 되는 동시에, 장애인과 다른 제약이 있는 사람들도 포괄적인 방식으로 사회에 참여할 수 있도록 지원합니다. 그래서 우리는 모두 포용적인 AI 기술을 이용해 접근성을 더욱 대중화하기 위해 노력해야 합니다.

여기에는 장애인의 접근성을 높이는 기존 AI 도구뿐만 아니라, 장벽을 낮춰 장애인이 일상 활동에 오롯이 참여할 수 있도록 지원하는 새로운 AI 도구도 포함됩니다. 이런 AI 도구는 대부분 장애인과 물리적인 환경이 주고받는 상호작용에 초점을 맞추는 경향이 있습니다. 지금껏 개발자가 특정 애플리케이션을 개발하기 위해 접근 가능한 시스템을 설계하도록 지원하는 도구는 없었거든요.

이런 맥락에서 접근 가능한 기술을 수월하게 개발할 수 있도록 AI 기술을 활용해 개발자를 위한 대화형 인터페이스, 곧 'AI assistant for AccessibilityAIA'를 구현하자고 제안합니다. AIA는 개발자가 접근성과 관련된 기존 규범과 표준 및 지침을 바탕으로 기업이나 조직에서 요구하는 접근성 사항을 분석하고 처리할 수 있도록 지원하는 도구입니다. 머신러닝과 자연어 처리를 통합해 다양한 소스에서 복잡한 정보를 추출하고, 조치와 관련된 요구사항이나 권장사항을 도출한 다음 이해할 수 있는 방식으로 표현하죠. 이런 작업은 접근성 관련 요구사항과 권장 조치가 담긴 학습 데이터 세트를 사용해 처리할 수 있습니다. 여기서 이용하는 데이터는 패턴과 맥락을 학습하고 자연어 처리 기술을 적용해 관련 정보를 추출한 다음, 이해할 수 있는 권장사항을 생성하는 데 쓰입니다. 정기적인 학습과 업데이트를 거치기 때문에, AIA 시스템은 몇 년마다 갱신되는 최신 규범과 표준 및 지침 등의 요구사항을 언제나 충족할 수 있습니다. 이번 장에서 제안하는 'AI assistant for Accessibility'라는 도구와 AI의 인터페이스를 사용하면 개발자는 수많은 문서를 번거롭게 수동으로 검토하지 않아도 되고, 접근 가능한 기술 시스템을 구현하는 데 따르는 복잡하고 어려운 문제와 해결책에 집중할 수 있습니다.

AIA는 규범과 표준 및 지침 등 기존 정보를 사용해 기본적인 제안 기능을 개발할 수 있을 뿐만 아니라, 접근성 연구 분야 및 논문에서 얻은 최신 연구 결과를 활용해 도구를 지능화할 수도 있습니다. 또한 접근성 구현을 위한 새로운 기회를 발견하고 적극 제안할 수도 있고요. 그렇게 해서 모범사례, 경험, 혁신적인 접근 방식 등을 포함한 포괄적인 접근성 데이터베이스를 생성할 수도 있습니다. 그래서 기술 시스템을 더욱 접근하기 쉽고 포괄적으로 만들 수 있는 새로운 방법을 찾는 데 도움이 되고 시스템의 특정 목표를 달성하는 데도 유용합니다. AIA와 함께하면 개발자는 기술 시스템의 접근성을 더욱 효율적이고 효과적으로 구현할 수 있으며, 도시 공공 서비스를 위해 접근 가능한 로봇 시스템을 개발하는 사례처럼 특정 응용 상황에 걸맞은 맞춤형 솔루션 개발을 촉진할 수 있습니다. 또한 AIA는 사용 목적, 타깃 그룹의 특수성, 법적 조건을 고려해 구체적인 구현 사례를 보여주며 제안할 수도 있습니다. AIA를 활용해 수많은 정보를 단순화하는 방식은 접근성 주제에 익숙하지도 않고 접근성과 관련된 다양한 규범과 표준 및 지침을 직접 살필 가능성도 낮은 상태에서 접근성 요구사항을 집중적으로 다뤄야 하는 개발자들에게 충분한 동기와 의미를 제공할 수 있습니다. AIA로 다가가는 방식은 접근성 의식을 높이고 포괄적인 기술 시스템을 개발하는 데 중요한 필수요소가 될 수 있습니다.

접근성 강화의 기회

생성형 AI 기술이 발전할 때가 접근성을 다시 깊이 고려할 수 있는 기회입니다. 이때를 놓치면 AI와 접근성 사이 격차가 점점 벌어지고, 접근성을 구현하는 데 많은 도전이 따를 것입니다. 그러다 보면 빠르게 변화하고 성장하는 디지털 사회에서 장애인과 여타 제약이 있는 사람들은 심각한 타격을 받을 것입니다. AI 같은 최첨단 기술을 이용하거나 접근할 수 없다면 사회에 참여하기가 더 어려워질 수 있습니다. 그래서 기술 시스템의 접근성과 포용성을 확보하기 위해 더욱 강력한 조치와 솔루션을 준비할 필요가 있습니다. 접근 가능한 솔루션에 AI를 통합하고 배치하면 해당 문제를 해결할뿐더러 개발자가 특정 애플리케이션 컨텍스트에 필요한 요구사항을 식별하고 구현하는 데 도움이 될 수 있습니다. 또한 AI는 특정 니즈, 능력, 선호, 관심을 드러내는 사람들에게 적응하고 그들을 학습할 수도 있습니다.

이렇게 AI를 활용해서 'AI assistant for Accessibility'를 개발하고 적용하면 접근성을 구현하는 데 따르는 기존 문제를 극복할 수 있을 뿐만 아니라 접근성과 포용성의 새로운 패러다임을 만들어낼 수도 있습니다. 그런 만큼 접근 가능한 솔루션에 AI를 통합해서 대중화하려는 노력과 작업을 미루어서는 안 되겠죠. AI를 활용해 접근성을 대중화하는 일은 기술 발전과 접근성 사이 격차를 줄이고 장애인의 접근성과 참여를 높이기 위해 지금 해결해야 할 과제입니다. AI는 접근성을 대중적으로 확대하는 잠재력이 상당합니다. 다만 그렇게 되려면 데이터에 담긴 윤리적 문제를 해결해서 포괄적인 디자인을 설계하고, 장애가 있는 사용자에게 미

045

치는 영향을 꾸준히 평가하기 위해 협력하며, AI 기술의 이점을 모든 사람이 공유할 수 있도록 노력해야 할 것입니다.

AI 기술의
가능성은
익숙한 것과의
결별로부터

2

이건명 _ 충북대학교 소프트웨어학부 교수

인공지능은 근본적으로 사람이 처리하는
일을 자동화하려는 기술이므로, 실제를
그대로 반영하는 것이 목표입니다.
사람이 편견과 고정관념을 안고
행동한다면 AI 프로그램도 마찬가지로
편견과 고정관념을 반영해서 판단하고
일을 처리하도록 개발됩니다.

익숙함에 관하여

2009년부터 8년간 미국 대통령으로 재임한 오바마Barack Hussein Obama는 미국 최초의 비백인 대통령입니다. 흑인이며, 성명에 포함된 후세인Hussein은 무슬림 이름입니다. 무슬림 극단주의자들이 9·11 테러를 저지른 지 불과 8년 만에 대통령으로 선출됐죠.

오바마가 대단한 정치인인 건 분명하지만, 무슬림 이름을 고수하는 데다 흑인인 오바마를 미국인들이 대통령으로 선출한 것도 당시에는 놀라운 일로 보였습니다. 선거에는 후보자의 정책과 경력, 역량뿐만 아니라 유권자들이 지닌 편견과 무의식적 고정관념도 작용할 여지가 많기 때문입니다. 흑인도 대통령이 될 수 있다는 생각을 미국인들이 갖게 된 데는 영화 속 흑인 배역도

〈그림 1〉 구글 제미나이가 생성한 그림 예시(출처: gemini.ai)

한몫했을 것으로 생각합니다. 1998년 개봉한 영화 〈딥 임팩트 Deep Impact〉에서는 흑인 배우 모건 프리먼이 대통령 역할을 선보였죠. 2003년 영화 〈헤드 오브 스테이트Head of State〉에서는 크리스 락이 흑인 대통령으로 주연을 맡았고, 2008년 영화 〈스윙 보트Swing Vote〉에서는 캐서린 하이글이 흑인 여성 대통령을 연기했습니다. 이렇듯 영화 속 흑인 대통령의 모습이 미국인들에게 익숙해지면서, 오바마를 대통령으로 선출하는 데 영향을 주었을지도 모릅니다.

〈그림 1〉은 구글의 생성형 AI 모델인 제미나이Gemini가 만든 이미지입니다. 제미나이에게 "주교를 그려줘." "나치 군인을 그려줘." "바이킹을 그려줘." 하고 요구해서 얻어낸 결과물인데, 뭔가 어색한 점이 보이나요? 성공회에서는 비교적 최근에 여성 주교가 임명된 일이 있지만, 가톨릭교회에서는 아직 여성 주교나 흑인 교황은 없습니다. 독일 나치 군인이 흑인인 것도 낯선 장면이고요. 바이킹이 북미 인디언 복장을 하고 있다니 특이합니다. 익숙하지 않은 이 그림들은 잘못된 것일까요?

이 이미지들이 공개되자, 테슬라 최고경영자인 일론 머스크를 포함한 일부 사용자들은 인종차별주의, 반문명 행위, 역사적 사실 왜곡이라고 비판하며 제미나이의 성능을 혹평했습니다. 이런 비판에 반박하려고 잠시 머뭇거리던 구글은 결국 사과 성명을 냈고, 더욱 사실적인 그림을 생성하도록 서비스를 다시 조정했습니다(Brian, 2024). 그런데 가톨릭교회는 앞으로도 절대 여성 성직자를 허용하지 않을까요? 흑인 나치 군인이나 인디언 복장을 한 바이킹 캐릭터가 영화와 게임 같은 문화 콘텐츠에서 제작될 일은 전혀 없을까요?

사람은 누구나 고정관념과 편견이 있습니다. 고정관념은 특정 집단의 모든 구성원을 상대로 과도하게 단순화된 믿음이나 생각을 말합니다. 흔한 형태가 성별, 성역할, 인종, 국가 등에 관한 고정관념이죠. 편견은 특정 집단이나 구성원을 상대로 사전에 형성된 개인적 믿음이나 생각을 가리키는데, 주로 소수자나 약자가 그 대상입니다. 사람들이 품는 고정관념과 편견을 구조적 필연으로 보기도 합니다.

일본 작가 우치다 타츠루内田樹는 "우리는 늘 어떤 시대, 어떤 지역, 어떤 사회집단에 속해 있으며, 그 조건이 우리 견해나 느끼고 생각하는 방식을 기본적으로 결정한다. (…) 자기가 속한 사회집단이 수용한 것만을 선택적으로 '보거나, 느끼거나, 생각하기' 마련이다"라고 구조주의적 관점을 정리했습니다(우치다, 2010). 그의 시각에서 보면 사람이 익숙한 대로 느끼고 생각하고 판단하는 것은 자연스러운 일입니다. 곧, 편견과 고정관념은 익숙하고 불편함이 없다는 말입니다. 아마도 제미나이의 그림을 보고 불편함을 느낀 많은 사람에게는 이런 메커니즘이 작용하지 않았을까 싶습니다.

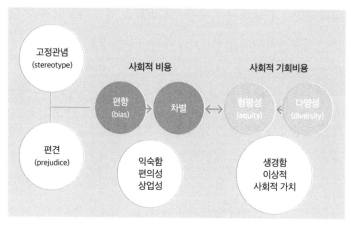

〈그림 2〉 편향과 차별 및 다양성과 형평성

　전통으로 알려진 것들 중에는 사실 상당히 최근에 만들어졌는데도 마치 오랜 역사를 간직한 양 인식되는 것이 적지 않습니다. 대개는 특정한 사회·정치적 목적을 달성하기 위해 창조된 것이라고 하는데, 왕실 의전, 국가 의전 등이 그 대표적인 사례입니다 (에릭 홉스봄. 2004). 10여 년 전 드라마인 〈응답하라 1994〉와 〈응답하라 1988〉을 시청한 적이 있다면 20년, 30년 전 우리 모습과 생각이 그사이 얼마나 달라졌는지 쉽게 알아차릴 수 있을 것입니다. 이런 측면을 보면 사람들이 변화를 거부하는 것 같지만 변화를 경험하는 과정에서 생각보다는 쉽게 변화를 수용하는 듯도 합니다. 최근 AI 기술이 발전하면서 산업뿐만 아니라 일상에도 큰 영향을 미치기 시작했는데요. 인공지능은 사람들이 지닌 고정관념과 편견을 반영해서 익숙함과 편안함을 계속 제공할 수도 있고, 고정관념과 편견을 식별해내며 다양성을 강화해서 차별을 줄이고 새로운 가능성을 확장하도록 도울 수도 있습니다.

고정관념과 편견에 따라 판단을 내리면 편향될 뿐만 아니라 특정 대상에 차별적일 수밖에 없습니다. AI 프로그램(모델)도 사람이 지닌 고정관념과 편견을 그대로 반영해서 만들면 차별적으로 판단하고 동작하기 마련입니다. 다양한 관점과 이해를 고려해서 다양성을 강화하면 형평성이 개선되어 차별을 줄이거나 없앨 수 있을 것입니다. 그래서 AI 프로그램도 마찬가지로 다양한 측면의 다양성을 고려할 필요가 있습니다. 편향된 판단이나 행동은 익숙하고 편리해서 상업적으로도 유리할 수 있겠으나, 차별에 따른 사회적 비용이 발생할 수밖에 없습니다. 물론 다양성을 강조하면 사회적 가치에 들어맞고 이상적으로 보일지언정 낯설 수 있습니다. 기존 익숙함을 버리고 새로운 시도를 감행해야 하는 사회적 부담도 있고요. AI 프로그램을 향해 이런 요구를 똑같이 들이대면 사용자들이 흑인 교황처럼 어색한 경험을 할 수도 있습니다. 이런 생소하고 특이한 경험에도 가치가 있는지 생각해볼 여지는 있습니다.

인공지능은 어디까지 왔는가

인공지능은 사람이 하던 일을 컴퓨터가 대신하도록 하는 자동화 기술입니다. 이미 70여 년 전에 연구가 시작됐지만, 최근 10여 년 새 비로소 일상에 큰 충격으로 다가오고 있습니다. 2012년 즈음부터 본격적인 연구에 들어간 딥러닝 기술이 현재 인공지능에서 핵심 역할을 합니다. 2016년 3월 서울에서 구글의 알파고와 이세돌 기사가 펼친 바둑 대국을 보면서 일반인들도 AI에 큰 관심을 기울이게 됐죠. 그렇게 알파고가 관심을 끌어모으는 계기는 됐지만, 일반인들이 AI 기술을 일상에서 크게 체감하지는 못했습니다.

2022년 11월 오픈AI에서 개발한 ChatGPT가 서비스를 시작했습니다. 사람이 사용하는 문장을 이해할 뿐만 아니라 광범위하고 심화된 지식을 학습해서 질문이나 지시에 따라 능숙하게 답변을 제시합니다. ChatGPT 같은 이런 기술을 거대 언어모델large language model이라고 하는데요(Zhao et al., 2023), 문장으로 들어오는 텍스트를 이해해서 사람처럼, 어떤 때는 사람보다 더 잘 답변합니다. 지금은 텍스트뿐만 아니라 음성, 이미지 등 다양한 종류의 입력을 받아들이고 이해해서 테스트뿐만 아니라 이미시, 영상 등 여러 형태로 답변할 수 있는 거대 멀티모달 모델large multimodal model로 발전해가고 있습니다(Yin et al., 2023). ChatGPT도 처음

055

에는 거대 언어모델이었지만, 이제는 거대 멀티모달 모델 형태로 확장, 발전하는 중입니다. ChatGPT를 사용해보면서 사람들은 ChatGPT가 이제는 일상에도 큰 영향을 줄 수 있다는 점을 직접 체험하는 거죠.

AI 기술은 역할에 따라 인지형 AI와 생성형 AI로 나눌 수 있습니다. 인지형 AI는 인간의 인지 능력을 모방해서 사람이 하는 일을 자동화하는 기술을 말합니다. 카메라로 찍은 이미지나 동영상에서 물체의 위치와 종류를 식별한다든지, 사람을 대신해 자동차가 자율주행하도록 기능하고, 엑스레이와 CT 같은 의료영상을 분석해 질병을 진단하거나, 음성을 텍스트로 변환하는 음성 인식, 언어 번역 등에 적용되는 기술이 바로 인지형 AI입니다. 이미 산업 분야는 물론, 일상에서도 널리 사용합니다.

생성형 AI는 ChatGPT처럼 데이터가 입력되면 그 지시나 질문에 따라 새로운 콘텐츠를 생성하는 기술을 말합니다(Banh et al.,, 2023). 오픈AI의 ChatGPT, 구글의 제미나이, 앤트로픽Anthropic의 클로드Claude, 메타의 라마Llama 등이 대표적인 사례인데요. 들어오는 문장을 보고 내용에 따라 그림을 만들어주는 달리Dall.E와 스테이블 디퓨전Stable Diffusion 같은 모델도 있습니다. 문장을 읽고 이미지뿐만 아니라 동영상도 만들어주는 오픈AI의 소라Sora, 구글의 비오Veo 같은 기술도 개발된 상태입니다. 이런 생성형 AI 기술로 인간의 상상력과 표현력을 뛰어넘는 콘텐츠가 만들어지는 거죠. 더 나아가 텍스트, 이미지, 음성, 소리, 음악, 동영상, 시계열 데이터 등 다양한 종류의 데이터가 입력되면 받아들여서 이해하고 그 질문이나 지시에 따라 다양한 데이터 형식으로 답변을 생성해서 제공하는 거대 멀티모달 모델들도 활발하게 선보이고 있습니다. 어떤 면에서는 더욱 다양한 내용을 사람보다 더 잘 이해하고 훌륭히 만들어내는 생성형 AI 기술이 이미 세상에 나와 있습니다. 사람보다 일을 더 잘 처리할 수도 있지만, 잘못되거나 왜곡되고 편향된 결과를 끄집어내는 부분이 아직은 인공지능의 한계입니다.

인간처럼 다양한 종류의 데이터를 이해하고 문제를 해결하기 위해, 거대 언어모델이나 거대 멀티모달 모델은 대규모로 데이터를 사용해서 학습해야 합니다. 이들 모델이 학습으로 얻는 지식은 학습 데이터에 기반하며 개발자의 설계에 큰 영향을 받습니다. AI 프로그램은 산업뿐만 아니라 이미 일상에도 깊숙이 들어와 영향을 주고 있고 앞으로 더욱 널리 사용될 터이기에, 개발자와 사용자들은 학습 데이터의 품질, 분포, 규모와 프로그램 설계에 관심을 기울여야 합니다.

인공지능은 어떻게 구현되는가

인공지능을 실제로 구현할 때 사용하는 전략은 크게 두 가지로 나누어볼 수 있습니다. 첫 번째는 정답을 효과적으로 찾아가는 탐색 전략입니다. 문제의 해답이 될 만한 내용을 체계적이고 효율적으로 검토하며 해답을 궁리하는 방법인데, 알파고가 바둑돌 놓을 위치를 고르거나 길이나 과정을 찾을 때 최적의 경로를 선택하는 문제 등에 사용됩니다. 이런 탐색 전략은 전통적인 인공지능에서 많이 연구, 개발됐습니다. 두 번째는 문제를 해결하기 위한 지식을 사용하는 전략입니다. 이런 문제해결 지식은 해당 분야 전문자들에게 직접 얻거나, 수많은 데이터를 수집해서 지식을 추출하는 머신러닝(기계학습)을 거쳐 습득합니다. 〈그림 3〉은 머신러닝 과정을 간단히 나타낸 도식인데, 사진을 보고 고양이인지 여부를 판정하는 프로그램에서 머신러닝의 역할을 보여줍니다.

사진에서 고양이를 식별해내는 프로그램을 직접 개발한다고 생각해볼까요. 그러려면 사진에서 고양이를 식별해내는 절차와 관련된 구체적인 지식이 있어야 합니다. 이런 지식을 명확히 설명해서 표현하기란 결코 쉬운 일이 아닙니다. 더욱이 정확도가 높은 고양이 식별 프로그램을 직접 작성하기는 매우 어렵습니다. 하지만 머신러닝 기술을 사용하면 이런 프로그램을 무척 손쉽게

학습 데이터　　　　　문제

〈그림 3〉 머신러닝을 거쳐 컴퓨터가 지식을 습득하게 만드는 작업

개발할 수 있습니다. 〈그림 3〉처럼 다양한 고양이 사진을 학습 데이터로 사용해서 머신러닝 알고리즘을 적용하면, 이 알고리즘이 고양이 식별하는 지식을 자동으로 만들어낼 수 있기 때문입니다. 이렇게 생성된 지식을 프로그램으로 구현하면 사진을 보고 고양이인지 아닌지 식별할 수 있게 됩니다. 이렇듯 머신러닝은 문제해결 지식을 데이터에서 자동으로 추출해 문제를 해결하는 데 적용하는 기술입니다. 직접 프로그램을 작성하며 해결하기 어려웠던 많은 문제를 머신러닝 기술로 해결할 수 있는 거죠.

　이미 머신러닝 분야에서는 다양한 방법이 개발됐고, 지금도 새로운 방법이 연구 중에 있습니다. 이 중 신경망neural network은 인간의 뇌 신경세포와 뇌 구조에서 영감을 받아 고안된 방법입니다

059

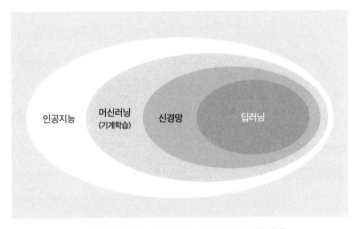

〈그림 4〉 인공지능, 머신러닝, 신경망, 딥러닝의 관계

다. 실제로 수학적인 함수를 표현합니다. 그래서 신경망 모델에 데이터를 입력한다고 하면, 신경망이 표현하는 함수에 입력을 전달해서 함숫값을 계산하도록 시킨다는 것을 의미합니다. 신경망 모델이 입력된 학습 데이터를 받아서 계산한 출력값은 학습 데이터의 출력과 동일하거나 유사한 형태가 바람직합니다. 그러기 위해 신경망 모델이 표현하는 함수의 파라미터parameter(계수) 등의 값을 조정하는 과정을 신경망 학습이라고 합니다.

신경망이 더욱 복잡하고 어려운 일을 처리할 수 있도록 규모를 확장해서 학습시키는 기술이 바로 딥러닝deep learning입니다. 기존 신경망보다 훨씬 복잡한 함수를 표현해서 높은 성능을 실현할 수 있도록 이끄는 기술인데, 학습하는 과정에 대규모 데이터와 계산 비용이 듭니다. 최근 10여 년 사이 개발된 AI 기술은 대부분 딥러닝 기반이라고 할 수 있는데요, 근래 선보인 인지형 AI와 생성형 AI 기술이 모두 그렇습니다. 인공지능, 머신러닝, 신경망, 딥러닝의 관계를 포함관계로 나타내면 〈그림 4〉와 같습니다. 머신러닝은 인공지능에서 사용하는 시스템이고, 신경망은 머신러닝에서 사용하는 기술입니다. 딥러닝은 비교적 최근에 개발된 신경망 기술입니다.

다양성은 인공지능에 왜 필요할까?

ChatGPT 같은 생성형 AI 프로그램이 그림을 만들어내는 과정을 잠시 살펴보죠. ChatGPT에게 "교황을 그려줘"라고 지시하면, ChatGPT는 먼저 교황 그림이 어떤 모양이어야 하는지 구체적인 내용을 문장으로 짓습니다. 이 문장을 그림으로 묘사하는 프로그램에 전달하면, 〈그림 5〉 아래쪽과 같은 교황 그림이 생성됩니다. 참고로 ChatGPT는 '달리'라는 프로그램을 사용해서 입력된 문장에 해당하는 그림을 만들어냅니다.

그렇다면 앞서 소개한 구글의 제미나이가 뽑아낸 흑인 여성 교황 그림은 어떻게 생성됐을까요? 〈그림 5〉에서 교황을 묘사한 글에 〈그림 6〉과 같이 '흑인 여성'이라는 문구만 추가해서 그림 교황을 닮은 인물의 초상화로, 전통적인 교황 복장인 하얀색 캐서크와 교황관을 착용하고 십자가를 손에 든 그림을 그려줘. 그림 속 인물은 자비롭고 지혜로운 표정으로 서 있으며, 역할과 관련된 영적 권위와 지도력을 보여준다. 단순하고 우아한 배경이 인물의 존재감과 교황 복장의 상징적 요소를 강조한다.

증강된 표현

〈그림 5〉 ChatGPT의 달리를 사용해서 교황 그림을 생성하는 과정

교황을 닮은 흑인 여성 인물의 초상화로, 전통적인 교황 복장인 하얀색 캐서크와 교황관을 착용하고 십자가를 손에 든 그림을 그려줘. 그림 속 인물은 자비롭고 지혜로운 표정으로 서 있으며, 역할과 관련된 영적 권위와 지도력을 보여준다. 단순하고 우아한 배경이 인물의 존재감과 교황 복장의 상징적 요소를 강조한다.

증강된 표현

〈그림 6〉 ChatGPT의 달리를 사용해서 흑인 여성 교황 그림을 생성하는 과정

생성 프로그램에 전달하면 됩니다. 문장을 읽고 그림을 생성하는 프로그램은 이미지와 그 설명문이 한 쌍으로 구성된 수많은 데이터를 학습하며 훈련 과정을 거치기 때문입니다. 그러하니 양질의 학습 데이터를 사용해야 우수한 품질로 그림을 생성하는 프로그램이 만들어지는 거죠. 여기에서 '양질'은 이미지와 설명문이 서로 잘 맞는다는 뜻입니다. 이렇게 학습된 그림 생성 프로그램에 이미지를 설명하는 문장을 입력하면 그림이 나옵니다. 그림을 생성하는 달리 같은 프로그램은 교황이 백인 남성이어야 하는지에 대한 지식을 알 필요가 없습니다.

사용자가 입력한 문장을 확장해서 설명한 글귀가 그림 생성 프로그램에서 그려내는 실제 이미지의 내용을 결정합니다. 이런 설명문을 만들어내는 과정에 개발자의 고정관념이나 편견이 반영될 만합니다. 교황을 그리려면 교황이 어떤 모습인지 글로 묘사해야 하는데, 개발자는 지금껏 사진, 동영상, 역사책에서 보아온 교황이 백인 남성이기에 당연히 그렇게 가정하는 문장을 만들 것입니다. 그런데 구글의 제미나이를 설계한 개발자들은 전 세계 다양한 사람을 대상으로 서비스를 제공하기에 성별, 인종을 둘러싼 고정관념과 편견을 줄이려고 흑인 여성 교황도 생성하도록 유도하는 문장 또한 가능하게끔 궁리했을 테죠. 이처럼 AI 시스템을 만들 때는 여기에 참여한 개발자의 성향과 가치관 또는 기업이나 기관의 요구사항이 반영될 수 있습니다. 생성형 AI 시스템에서는 특히 더욱 두드러질 수 있습니다.

그림 생성 프로그램 같은 AI 시스템이 출력하는 결과물의 특성과 성능에는 학습 데이터의 품질, 분포, 규모와 개발자의 특성이 영향을 미칩니다. 그래서 학습 데이터나 개발자에게 편향성이 있으면, AI 프로그램은 만족스럽지 못한 성능으로 편향된 결과를 끄집어낼 수 있습니다. AI 프로그램의 편향성은 학습 데이터와 학습 알고리즘과 개발자의 편향성 등에 달렸기 때문입니다.

학습 데이터의 편향성

머신러닝으로 만든 AI 프로그램은 학습 데이터에 담긴 지식이나 패턴을 추출해서 사용합니다. 수집된 학습 데이터가 충분한 규모가 아니거나 편향된 패턴 또는 분포를 보이면, 그 데이터로 훈련한 AI 프로그램은 한쪽으로 치우친 지식이나 패턴을 표현하게 될 것입니다. 학습 데이터의 규모가 작으면 AI 프로그램이 과적합over-fitting되는 문제가 발생합니다. 과적합이란 학습한 데이터에서만 성능이 좋고, 학습에 사용된 적 없는 새로운 데이터나 문제에 관해서는 성능이 떨어지는 상태를 말합니다. 학습 데이터가 충분히 많다고 해서 단순히 데이터 수가 많은 것을 의미하지는 않습니다. AI 프로그램은 다양한 문제를 만날 수 있는

065

데, 관련 학습 데이터가 많은 집단이 있는가 하면 어떤 집단은 그렇지 않을 가능성이 있기 때문입니다. 이렇게 학습 데이터가 부족한 그룹을 과소표현 집단이라고 합니다. 과소표현된 집단은 AI 프로그램이 제대로 판단할 수 없어, 소외되거나 차별받을 수 있고 서비스 품질도 떨어지기 마련입니다.

이런 문제를 해소하기 위해서는 AI 프로그램을 개발하는 팀에서 다양성을 갖추는 것이 바람직합니다. 다시 말해 학습 데이터를 수집하고, 학습 데이터에 분류 정보 등을 입히고, AI 프로그램이나 머신러닝 모델을 개발하는 사람들의 배경이 서로서로 다양하면 좋겠죠. 개발에 참여하는 구성원들이 생물학적 성별, 성 정체성, 성적 취향 등을 비롯해 연령, 인종, 민족, 종교, 정치적 견해, 인생 경험, 교육와 경력 수준 등에서 다채로운 배경을 지니면, 각자 자신의 시각에서 관심을 기울이며 AI 프로그램을 위한 의견을 제시하기 마련이어서 편향이나 고정관념을 줄일 수 있습니다. 특히 학습 데이터의 다양성과 대표성은 AI 프로그램을 개발할 때 반드시 고려해야 할 요소입니다.

다양성이 필요하다고들 인정하지만, 일상 속에서 수집되는 수많은 데이터에는 수집 대상에 담긴 역사적·사회적 편향이 반영될 개연성이 매우 높습니다. 물론 ChatGPT 같은 거대 언어모델들은 훈련하는 텍스트가 대규모이긴 합니다. 그래도 〈표 1〉과 같이 거대 언어모델을 개발할 때 사용하는 영어 텍스트에서 남성과

<표 1> 남녀 명사를 수식하는 형용사의 시대별 사용 분포

		1910년대	1950년대	1990년대
남성	1	honorable(명예로운)	knowledge(지적인)	honorable(명예로운)
	2	gallant(용감한)	gallant(용감한)	regimental(연대의)
	3	regimental(연대의)	honorable(명예로운)	unreliable(믿을 수 없는)
	4	skillful(숙련된)	directed(지시받은)	skillful(숙련된)
	5	disobedient(반항하는)	regimental(연대의)	gallant(용감한)
	6	faithful(믿을 수 있는)	efficient(유능한)	honest(정직한)
	7	wise(현명한)	sage(노련한)	loyal(충실한)
	8	obedient(순종적인)	wise(현명한)	wise(현명한)
	9	obnoxious(아주 불쾌한)	faithful(믿을 수 있는)	directed(지시받은)
	10	steadfast(변함없는)	creative(창의적인)	courageous(대담한)
여성	1	charming(매력적인)	delicate(섬세한)	maternal(모성의)
	2	placid(차분한)	sweet(사랑스러운)	morbid(병적인)
	3	delicate(섬세한)	charming(매력적인)	artificial(인위적인)
	4	passionate(격정적인)	transparent(속이 보이는)	physical(물질적인)
	5	sweet(사랑스러운)	placid(차분한)	caring(배려하는)
	6	dreamy(공상적인)	childish(유치한)	emotional(감정적인)
	7	indulgent(너그러운)	soft(부드러운)	protective(보호하는)
	8	playful(놀기 좋아하는)	colorless(재미없는)	attractive(매력적인)
	9	mellow(부드럽고 풍부한)	tasteless(천박한)	soft(부드러운)
	10	sentimental(감성적인)	agreeable(쾌활한)	tidy(깔끔한)

(출처: https://genderedinnovations.stanford.edu/case-studies/machinelearning.html#tabs-2)

여성에 해당하는 명사를 수식하는 형용사를 시대별로 분석하고, 빈도가 높은 순서대로 정리해봤습니다(Technology). 그 결과, 시대에 따라 사람들이 단어를 사용하는 방식과 생각 패턴이 변화하며

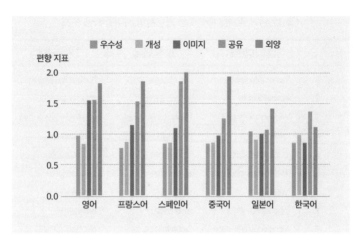

<그림 7> 언어별·성별에 따른 단어 사용의 편향 지표
(출처: https://arxiv.org/html/2403.00277v1, Jinman Zhao 등, 2024)

편향되는 것을 알 수 있습니다. 이처럼 편향된 분포를 보이는 데이터로 학습하기에 거대언어 모델 같은 AI 프로그램이 편견과 고정관념을 반영할 수 밖에 없는 거죠.

GPT-4 모델에서 '20대 여성 의사'와 '20대 남성 의사'를 수식하는 형용사의 분포를 분석한 결과도 언어별로 편향성이 있었다고 합니다(Zhao et al., 2024). 〈그림 7〉은 형용사를 우수성, 개성, 이미지, 공유, 외양으로 나누어 국가별로 편향 지표를 나타낸 그래프인데, 편향 지푯값이 1에 가까울수록 편향성이 적다는 뜻입니다(Zhao et al., 2024). 살펴보면 영어, 프랑스어, 스페인어, 중국어 등에 비해 한국어는 상대적으로 성별 편향성이 적게 나타났습니다. 이처럼 언어별, 기준별로 성별에 따른 편향성이 나타나는 것은 학습 데이터에 편향성이 존재하기 때문입니다.

단어에 남성과 여성 같은 성姓이 있는 언어와 그렇지 않은 언어를 서로 번역할 때는 기계번역 시스템에서 오류가 불가피하게 발생합니다. ChatGPT 같은 거대 언어모델이 문장을 생성할 때도 성별에 편향적인 특성을 보입니다. 사회적·역사적 편견이 반영된 학습 데이터로 AI 모델을 훈련했기 때문이죠. 이렇게 편향된 AI 모델을 계속 사용하면 그 내용을 강화하고 심화할 수도 있습니다. 이런 문제를 줄이려면 충분히 다양한 종류와 분포를 보이는 학습 데이터를 확보해야 합니다.

인공지능 알고리즘의 편향성

AI 프로그램에서 학습 데이터 처리 알고리즘이 부적합하거나, 학습 알고리즘이 불완전해서 편향성이 발생할 수도 있습니다. 데이터 처리 알고리즘이 어떤 전제나 가정을 할 때가 있는데, 이것이 실제와 맞지 않으면 편향이 드러납니다. 그런가 하면 학습 알고리즘은 학습 데이터에 존재하는 패턴을 추출하는데, 학습 데이터가 실제 데이터와 다른 분포를 보이면 학습 알고리즘이 실제 데이터에 담긴 패턴을 제대로 뽑아낼 수가 없습니다. 게

069

다가 현재 사용하는 학습 알고리즘이 학습 데이터에 부합하는 패턴을 반드시 추출해낼 수 있다고 보장할 만큼 아직은 완전하지도 않습니다. 그런데도 다양한 분야에서 AI 알고리즘을 사용하기 때문에, AI 기술은 실제 우리 삶에 도움도 주지만 부당한 불이익을 안길 수도 있습니다. AI 알고리즘의 편향성이 이슈가 됐던 대표적 실례로, 아마존의 채용 프로그램과 노스포인테의 범죄자 재범 위험도 평가 시스템을 소개하겠습니다.

아마존은 2014년 영국 에든버러에 AI 채용 프로그램 개발팀을 꾸리고, 구직 희망자의 지원서를 분석하는 프로그램을 개발했습니다(Dastin, 2022). 이 프로그램은 지원서에 1점부터 5점까지 점수를 매긴 다음 상위 5%를 골라내고 실제 결과와 일치하는지 확인하는 방식으로 프로그램의 완성도를 높였습니다. 개발이 진행되면서 점차 이 프로그램은 경력 10년이 넘은 남성 지원자 위주로 채용 후보자를 선택했는데, 이는 남성을 우위에 두는 정보기술 업계의 당시 현실이 그대로 반영된 학습 결과였습니다. 이 프로그램은 지원서에 '여성'이라는 단어나 여성 관련 활동이 포함되면 불이익을 주는 패턴을 보이기도 해서, 결국 아마존은 2018년 프로그램 개발을 폐기했습니다. 이 사례는 편향된 과거 데이터를 사용하면 생길 수 있는 차별을 지적하며, 머신러닝 기술을 적용할 때 발생할 수 있는 문제점을 잘 보여줍니다.

이런 일이 있었는데도, 고용정보 업체 레주메빌더resume builder

에서 2024년 10월 조사한 결과에 따르면 조사에 참여한 미국 기업 중 51%가 채용 프로세스에서 AI 프로그램을 사용하고 있으며, 21%는 채용 프로세스의 모든 단계에서 사람이 검토하지 않고 AI 프로그램이 자동으로 후보자를 가려낸다고 합니다(resume builder, 2024). AI 프로그램은 이력서, 지원서 등과 동영상 면접에서 짓는 표정 등을 자동으로 평가하며 직무 관련 정보를 수집, 분석한다고 합니다. 이런 면접과 평가에 대비하기 위해 요즘 취업 준비생들은 AI 면접 코치 서비스 등을 이용하기도 합니다. 아마존 사례처럼, 이런 AI 채용 시스템은 부당한 불이익을 안길 수도 있고 잘못된 판단을 내릴 수도 있습니다. 그렇긴 해도 채용 과정에서 나타나는 비용과 효율성 문제 때문에 점차 많이 도입될 것으로 보입니다.

AI 시스템의 공정성과 관련해 논쟁을 일으킨 사례로는 범죄자 재범 위험도 평가 시스템인 컴퍼스COMPAS가 있습니다. 미국 노스포인테Northpointe(오늘날 이퀴번트Equivant)가 1998년 처음 개발한 모델인데, 범죄자 개인과 가족의 배경, 범죄 이력, 생활환경 등 다양한 정보를 종합해서 개인의 재범 위험도 점수를 산출합니다(Angwin et al., 2016; Corbett-Davies et al., 2016). 이 재범 위험도 점수는 보석과 석방을 결정하고 감시 수준을 설정하는 일 등에 활용됩니다. 미국 비영리 언론매체 〈프로퍼블리카ProPublica〉는 2016년 컴퍼스가 흑인에게 같은 조건의 백인보다 더 높은 재범 위험

〈표 2〉 컴퍼스의 위험도 평가군별 흑인과 백인의 재범 여부 비율

	흑인	백인
고위험군 예측, 재범 없음	44.9%	23.5%
저위험군 예측, 재범	28%	47.7%

(출처 : Julia Angwin et al., Machine Bias, ProPublica(2016. 5. 23.)

도를 산정하는 경향이 있다고 분석한 결과를 〈표 2〉와 같이 보도
했습니다. 여기에 보면 고위험군으로 예측된 범죄자 중 재범하지
않은 사람이 백인은 23.5%뿐이지만, 흑인은 44.9%로 나타납니
다. 동일하게 고위험군으로 분류되더라도 재범률은 흑인이 더 낮
기에 컴퍼스가 흑인에게 부당한 판단을 내리는 것이라고 〈프로
퍼블리카〉는 주장했습니다.

이런 주장에 맞서 컴퍼스를 개발한 노스포인테는 위험 점수별
재범률을 나타내는 〈그림 8〉을 제시하며 컴퍼스가 공정하다고
주장했습니다. 그래프를 보면 위험도 점수별로 흑인과 백인의 재
범률에 큰 차이가 없습니다. 그래서 노스포인테는 이 자료를 보
여주며 컴퍼스가 흑인과 백인을 차별하지 않고 공정하다는 증거
라고 주장한 것입니다.

〈프로퍼블리카〉와 노스포인테는 서로 다른 주장을 합니다만,
이들 말이 실제로는 다 사실일 것입니다. 전체 재범률은 흑인과
백인이 각각 52%와 39%로, 흑인이 백인보다 더 높다고 합니다.

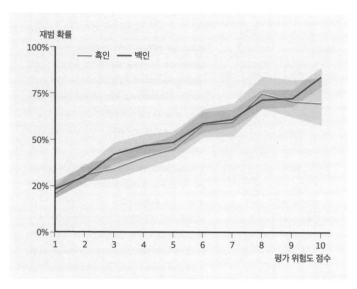

〈그림8〉 컴퍼스의 평가 위험 점수 대비 재범률(출처:https://www.washingtonpost.com/news/
monkey-cage/wp/2016/10/17/can-an-algorithm-be-racist-our-analysis-is-more-cautious-than-propublicas/_)

컴퍼스는 재범 위험도 평가에 인종 관련 정보는 사용하지 않는다
고 합니다. 아마도 흑인과 백인의 재범률이 각각 위험도 범주 안
에서는 비슷하지만 전체 재범률에서 흑인이 더 높기 때문에, 고
위험군에 흑인이 높은 비율로 많이 할당되는 듯싶습니다. 〈프로
퍼블리카〉와 노스포인테가 주장하는 공정성은 서로 다르지만,
저마다 근거가 있는 셈입니다. AI 알고리즘은 어떤 기준을 선택
하느냐에 따라 한쪽에서는 공정하다는 평가를 받고, 다른 한편에
서는 그렇지 못하다는 비난을 들을 수 있습니다. 공정함의 기준

073

모델		투명도	점수
servicenow.	StarCoder		85%
Al21labs	Jurassic-2		75%
ALEPH ALPHA	Luminous		75%
IBM	Granite		64%
Microsoft	Phi-2		62%
Meta	Lama 2		60%
stability.ai	Stable Video Diffusion		58%
WRITER	Palmyra-X		56%
MISTRAL AI_	Mistral 78		55%
ANTHROPIC	Claude 3		51%
OpenAI	GPT- 4		49%
Google	Gemini 1.0 Ultra		47%
amazon	Titan Text Exoress		41%
ADEPT	Fuyu-8B		33%

〈그림 9〉 거대 언어모델의 투명도 지수

(출처: https://crfm.stanford.edu/fmti/May-2024/)

이 올곧게 서지 않으면 공정함의 특정 기준을 사용하는 AI 알고리즘은 불공정하다는 비난을 받을 수밖에 없을 텐데요. 이런 논쟁을 줄이려면 되도록 다양한 이해 당사자가 개발에 참여하는 것이 바람직합니다.

또한 AI 알고리즘은 복잡한 수학적 함수로 구성될 때가 많아서 내부 동작이 명확하게 어떻게 돌아가는지 파악하기 어렵기 때문에 블랙박스blackbox라고들 합니다. 개발 과정에서 프로그래머의 선택에 따른 요소도 있고, 더러는 개발방식을 공개하지 않아서 불투명하기도 하고요. 이런 불투명성 때문에 AI 알고리즘을 사용하는 프로그램이 옳은 답을 도출하고 공정하게 판단하는지 평가하기가 어렵습니다. 그래서 AI 프로그램의 동작, 개발 과정, 방식이 얼마나 공개됐는지 살펴보기도 합니다. 〈그림 9〉는 스탠 퍼드대학 인간중심AI연구소에서 2024년 5월 시점에 널리 알려진 거대 언어모델의 투명도를 평가한 결과입니다(stanford, 2024). 투명도 지수가 낮을수록 AI 프로그램이 어떻게 개발됐고, 어떻게 결과를 만들어내는지 알기 어렵다는 뜻입니다. ChatGPT는 투명도 지수가 49%네요. ChatGPT가 많은 부분을 숨기고 있다는 얘기입니다. 그래서 ChatGPT가 공정하고 옳은 결과를 제공하는지 평가하기는 어렵습니다.

개발자와 사용자의 다양성

AI 프로그램은 〈그림 10〉과 같은 일련의 과정을 거쳐 개발되고 사용됩니다. 먼저 AI 프로그램(모델)이 해결해야 하는 문제를 정의합니다. 이때 과소표현된 집단이 있으면 편향이 생길 수 있으니 다양한 집단이 되도록 많이 포함되게끔 설계해야 합니다. 문제를 정의하고 나면 학습 데이터를 수집하고 사전 처리를 해야 하는데, 이때 학습 데이터는 다양한 집단과 관련해서 충

075

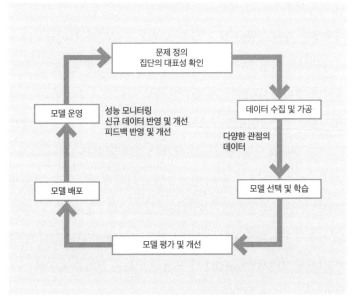

〈그림 10〉 AI 모델을 개발하는 과정

분히 많이 확보해야 합니다. 그런 다음, 수집된 데이터에 적합한
머신러닝 알고리즘을 선택하고 AI 모델을 학습시킵니다. 이렇게
학습된 모델을 실제 대상에 적용하여 성능을 평가하고, 필요하면
모델을 보완합니다. 이제 AI 모델을 실제 응용 환경에 배포하고
시용에 들어갑니다. AI 모델을 적용하면서 꾸준히 성능을 모니터
링하고 새로운 데이터와 사용자 피드백을 수집하며 필요한 부분
을 개선합니다. 현재 사용하는 AI 모델이 요구조건이나 기대사항
을 더는 채워주지 못하게 되면, 문제 정의부터 다시 시작해서 모

델을 재개발하는 과정을 반복합니다.

사람들은 대부분 본인 관심사에 신경을 쓰기 마련입니다. AI 프로그램 개발 과정에 참여하는 개발자가 소수면, 과소표현된 집단을 세심하게 살피지 못해서 무의식적으로 차별하게 될 개연성이 큽니다. 그래서 개발 단계마다 다채로운 배경과 풍부한 경험을 보유한 사람들이 참여해야만 편향되지도 차별되지도 않고 공정한 프로그램을 개발할 수 있습니다.

AI 모델 활용의 다양성

AI 프로그램을 활용하는 기회가 불균등하면 차별이 발생할 수 있습니다. 산업과 일상을 변혁하는 고급 AI 기술이 특정 국가나 집단에 편중되는 실정인데, 이처럼 파괴적인 혁신 기술에 접근하고 활용하는 기회가 불평등하면 경쟁력이 한없이 기울 수 있습니다. 인류를 위한 AI 기술을 지향한다는 오픈AI는 이미 퇴색한 모토인 AI 기술의 민주화로 관심을 끌어모으고 있습니다. AI 기술의 민주화란 AI 기술을 더욱 널리 퍼트리고 접근 가능하게 만들어서 소수의 특정 전문가나 대기업, 국가만이 아닌 모든 사람이 손쉽게 활용할 수 있게 하자는 개념입니다(Sudmann, 2019). 이런 생각을 지지하는 사람들은 그렇게 되면 다양한 이들이 AI 기술을 활용해 혁신을 이루고, 문제를 해결하며, 더 나은 사회를 만드는 데 기여할 수 있을 것으로 기대합니다.

AI 기술의 접근과 활용이 편중되는 상황을 막기 위해서는 기술을 공개하고 공유하기 위해 노력할 뿐만 아니라, 다양한 사회계층과 집단에게 AI 프로그램 개발 과정에 참여하고 AI 기술을 활용할 기회가 형평성 있게 돌아가도록 신경 써야 합니다. 특히 과소대표된underrepresented 집단에게 AI를 활용하기 위한 교육 기회를 확대할 필요가 있습니다. 과소표현된 집단은 AI 기술이 자동화될수록 취약성이 큰 집단이 될 가능성이 높기 때문입니다.

ChatGPT가 서비스를 시작한 뒤로 생성형 AI 기술이 비약적으로 발전하고 있습니다. 텍스트는 물론, 이미지, 음성, 소리, 동영상까지 이해하고, 입력된 지시나 질문에 대한 결과를 텍스트, 이미지, 음성, 소리, 동영상 등으로 출력해주는 거대 멀티모달 언어 모델 기술도 발전을 거듭하고 있습니다. 사람만큼 일을 처리할 수 있는 높은 수준의 일반 인공지능AGI에 근접하는 기술 발전도 머지않은 것으로 기대됩니다(Banh et al., 2023). 업무뿐만 아니라 일상생활에서도 점차 AI 프로그램을 많이 사용하며 의존하게 될 것입니다. 그렇게 자동화된 AI 프로그램에 익숙해지다 보면, 사람들은 스스로 분석하고 판단하려는 의지와 능력이 떨어질 위험도 있습니다. 그런가 하면 AI 프로그램에 내재된 편견과 마주칠 기회가 증가해서 그런 차별적 시선이 강화될 수 있습니다. 생성형 AI를 비롯한 인공지능 프로그램의 성능이 향상되면 기업 초급 사원이 수행하는 역할을 상당 부분 AI 시스템이 대신할 것으로 보입니다. 그러면 초급 사원을 대신하는 AI 프로그램으로 업무를 감독하는 중견 간부 사원의 역할이 기업 구성원들에게 요구될 것입니다. 따라서 그때를 대비해 다양한 AI 프로그램을 이해하고 사용할 수 있어야 할 것입니다.

AI 프로그램 사용이 늘면서 사용자 편의를 위한 개인 맞춤형 서비스도 확대되고 있습니다. 한편으로는 편리하지만 편향된 정보와 서비스를 제공하는 부작용도 생길 수 있습니다. 그러면 무의식적으로 고정관념이나 편견을 강화할 위험이 있습니다. 추천 서비스가 그 대표적인 사례죠. 사용자가 힘들이지 않고 관심 사항이나 필요한 정보를 얻을 수 있는 서비스인데, 맞춤형이니만큼 선택적으로 정보를 제공해서 편향될 수 있습니다. 특히 정치·사회적 이슈와 관련된 정보를 제공하다 보면 확증 편향을 강화하고 사회적 갈등을 키울 수도 있습니다. 그런 만큼 추천 서비스 등에서 나타나는 사용 편의성과 편향성 완화의 균형을 고려할 필요가 있습니다. 반대 의견이나 차별 또는 편향이 있을 수 있는 주제라면 관심 대상에게 추천한다든지, 〈그림 11〉처럼 일정 비율로 중립적 관점과 반대 시각의 정보를 함께 제시하는 콘텐츠를 검토해볼 수도 있습니다. 관심 영역 정보를 주로 제공하되 중립적 영역과 반대 영역도 함께 보여주면 사회적 다양성을 인식하고 인정

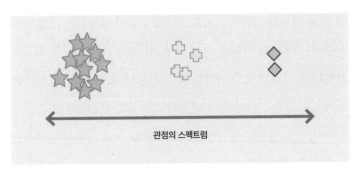

관점의 스펙트럼

〈그림 11〉 다양성 확대를 위한 추천 서비스의 추천 스펙트럼과 추천 규모

하는 데 도움이 될 것입니다. AI 프로그램은 그저 업무를 자동화하고 비용을 줄이는 공학적 기술로만 머물지 않습니다. 일상에서 사용하기 때문에 사회에도 영향을 미치죠. 단순히 편의성만 따지면 예기치 않은 부작용이 생길 수 있습니다. 추천 서비스와 마찬가지로 사회적 가치를 지키고 갈등을 풀어나가기 위해 다양성을 고려할 필요가 있습니다.

AI 다양성에 관심을 기울여야 하는 이유

요즘 놀라운 기능과 성능을 자랑하는 AI 기술과 제품들이 하루가 멀다 하고 속속 선을 보입니다. 이런 기술 발달로 일자리 감소뿐만 아니라 사회적 차별과 갈등이 깊어질 수 있다는 우려도 나옵니다. 인공지능은 근본적으로 인간이 처리하는 일을 자동화하는 기술이기에 분명 일자리가 감소할 것입니다. 물론 AI 기술을 활용하기 위해 새롭게 출현하는 일자리도 있을 테고요. 그렇게 줄어들고 새로 생기는 일자리 수를 비교해보면 전체적으로 일자리는 감소할 것으로 보입니다. 그 과정에서 취약한 집단이 나올 수밖에 없습니다. AI 기술을 어떤 분야에 도입하느냐에 따라 취약한 집단은 큰 충격을 받을 수도 있습니다. 그래서 AI 기술을 도입할 때도 기술의 가용성과 비용 효과뿐만 아니라 취약 집단과 사회적 영향 같은 다양한 요소를 고려해야 합니다. 건물이나 시설 등을 허가하기 전에 환경영향 평가를 하듯 AI 기술을 도입할 때도 그럴 날이 올지도 모릅니다.

앞서 AI 프로그램의 다양성이 필요한 이유와 효과에 대해 이야기했습니다만, 지나치게 다양성을 추구하다 보면 과거를 망각할 수도 있습니다. 흑인 여성 교황 이미지가 생성되어 온라인에서 널리 유통되면, 사람들은 점점 무의식적으로 흑인 여성 교황이 있었다는 듯이 생각할지도 모를 일입니다. 구글의 제미나이가 인종과 젠더의 형평성을 따져서 뽑아낸 이상적인 그림들은 익숙하지 않고 낯선 데다 불편하게 느껴져서 어찌 보면 상업성은 떨어질 법합니다. AI 제품과 시비스를 개발하려면 상업성은 물론 다양성 같은 사회적 가치도 함께 추구해야 한다는 요구를 받는 실정입니다만, 우리 사회뿐만 아니라 전 세계적으로 편견과 고정관념이 만연해서 부당한 차별이 발생하는 것도 사실입니다.

역사적·사회적 구조의 영향을 받으며 살아가는 인간의 활동에서 나온 데이터를 토대로 학습한 AI 프로그램은 그 속에 담긴 편견과 고정관념을 반복할 수밖에 없고, 결국에는 무의식적으로 차별을 강화하기 마련입니다. 한 사회에서 차별을 받지 않던 개인도 다른 사회 속으로 들어가면 부당한 시선을 겪을 수 있습니다. 모두가 공감하고 인정하는 공동선公同善이 절대적으로 합의되기는 어렵지만, 분명하게도 익숙함이 절대선絶對善은 아닙니다.

인공지능은 근본적으로 사람이 처리하는 일을 자동화하려는 기술이므로, 실제를 그대로 반영하는 것이 목표입니다. 사람이 편견과 고정관념을 안고 행동한다면 AI 프로그램도 마찬가지로 편견과 고정관념을 반영해서 판단하고 일을 처리하도록 개발됩니다. 머신러닝으로 AI 프로그램을 개발할 때, 가능하면 모든 사용자 집단과 관련된 데이터를 대거 수집해서 사용하려고 노력합니다. 그런다고 해도 수집된 데이터가 모든 상황을 대표한다는 장담도, 머신러닝 알고리즘이 완전한 AI 모델을 만들어낸다는 보장도 할 수 없습니다. 그래서 AI 프로그램이 항상 옳은 판단을 내리고 동작한다고 자신할 수도 없습니다.

AI 프로그램은 머신러닝으로 학습하기도 하지만, 개발자가 설계하는 대로 결정된 부분도 있습니다. ChatGPT에서 교황 이미지를 생성하는 과정을 살펴보면 교황 모습을 묘사할 때 개발자의 설계 의도가 반영되는데요, 구글의 제미나이가 흑인 여성 교황을 그리도록 유도한 것은 개발자가 그렇게 설계했기 때문입니다. 이런 개발자의 결정이 역사를 망각하고 왜곡한 결과로 보여 불편할 수도 있겠지만, 다양성 측면에서는 편견과 고정관념을 누그러트리는 데 기여할 수도 있습니다. 할리우드 영화에 흑인 대통령이 처음 등장했을 때, 역사 왜곡으로 비쳐 누군가는 불편했을 수도 있습니다. 이런 익숙함에서 벗어난 일탈이 버락 후세인 오바마가 미국 대통령으로 당선되는 데 영향을 미쳤을 법도 합니다.

AI 기술은 지금 우리 생각보다 훨씬 더 넓고 깊숙이 우리 삶 속으로 파고들 것입니다. 수천 년간 인류가 인간에게 기대하고 요구해온 것과는 다른 삶이 펼쳐질지도 모릅니다. AI 기술이 발전할수록 익숙하지 않은 것을 허용하고 시도하며 다양성을 보장하고, 더불어 인간 자신을 더욱 배려하는 태도가 한결 요구되지 않을까 생각해봅니다.

다양성을 위한 AI, 넘어야 할 과제들

3

조원영 _ 소프트웨어정책연구소 SW기반정책·인재연구실 실장

장기적 관점에서 보면 기술혁신으로
인공지능의 성능을 희생하지 않고
부작용을 해결하는 일이 가능하겠지만,
단기적으로는 다양성을 개선하기 위해
인공지능의 성능 저하를 감수해야 할
수도 있습니다.

다양성과 인공지능

최근 다양성diversity이란 용어가 널리 쓰이고 있습니다. 여기에 형평성equity과 포용성inclusion을 합쳐 DEI라고 부르기도 합니다. 다양성 가치를 지나치게 강조하는 사회 분위기를 가리켜 "다양성은 언제나 환영 받는다"라는 말도 나오고, 다양성을 위한 실질적이고 진정한 조치 없이 표면적으로만 행동하는 이른바 '다양성 워싱diversity washing'을 경계하기도 합니다. 과거에는 자연 생태계의 지속 가능성을 위한 '종 다양성biodiversity'이나 사회과학자들이 생물학 관점에서 사회 현상을 들여다보며 주목한 '문화 다양성cultural diversity' 등에 한정적으로 다양성이란 용어를 사용했을 뿐, 일반적으로는 포용, 공정fairness, 차별 금지non-discrimination 같은 표현을 썼던 것 같습니다.

사실 다양성은 원체 많은 개념을 담고 있어 정의하기도, 측정하기도, 그렇다고 관리하기도 어렵습니다. 앞서 이야기했다시피 포용이나 공정, 형평 등과도 비슷한 개념이고, 나와 다른 취향도 기꺼이 존중하겠다는 문명인의 너그러움을 표상하는 덕목이기도 합니다. 그런가 하면 여러 상황에서 악용되기도 합니다. 늦잠 때문에 지각을 일삼는 회사원이 "세상에는 아침형 인간도 있고 올빼미형 인간도 있으니 개인의 다양한 특성을 존중해달라"고 주장하거나 불성실한 사람이 "성실함의 다양한 측면을 인정해달라"고 요구하는 웃지 못할 상황도 벌어질 수 있는 거죠.

구글 검색엔진에 'diversity'(다양성)란 단어로 이미지를 검색해보면 역설적이게도 우리가 얼마나 획일적이고 전형적으로 다양성을 인식하는지 확인할 수 있습니다. 검색 결과로 나오는 수백, 수천 장의 사진을 보면 한결같이 다양한 인종, 나이, 성별이 모여 서로 환하게 웃으며 어깨동무를 하거나 손을 맞잡고 있으니 말입니다.

다양성이란 용어가 폭발적으로 주목받기 시작한 짧은 역사, 막연하고 중의적인 의미, 우리 마음속에 깃든 다양성을 둘러싼 고정관념, 그리고 이들 요인에서 비롯된 논의의 어려움이 있긴 하지만, 이번 장에서는 다양성을 위해 인공지능이 나아갈 방향과 과제를 제시하고자 합니다. 첫 번째 절 나머지 부분에서는 다양성과 인공지능의 관계를 좀 더 상세히 살펴보겠습니다. 다음 절에서

〈그림 1〉 구글에서 diversity를 이미지로 검색한 결과 예시

는 범용기술로서 인공지능이 사용되는 분야를 유형화하고, 유형
별로 다양성의 실제 의미와 개념이 무엇인지 짚어보겠습니다. 마
지막 절에서는 다양성을 증진하는 데 관여하는 정책 입안자, 기업
경영자 그리고 인공지능 개발자가 고민해야 할 과제를 제시하면
서 끝을 맺겠습니다.

　그럼 이제 다양성과 인공지능의 관계를 정리하면서 첫 번째
절을 마무리하겠습니다. 둘의 관계를 바라보는 시선은 두 가지로
나눌 수 있는데, 그 첫 번째는 다양성을 위한 도구로 인공지능을
인식하는(Diversity by AI) 관점입니다. 인간 사회는 오래된 편견과
관습을 유지하며 자기 중심적이고, 개개인이 지닌 합리적 판단 **089**

능력 역시 제한적이기 때문에 불공평하거나 다양성을 침해하는 의사결정을 내리기 쉽습니다. 이미 이런 시선에 따라 다채로운 인공지능이 다양성을 높이기 위해 활용돼왔습니다. 두 번째 절에서 소개할 재범 위험 예측모델recidivism risk assessment model은 판사나 배심원단의 변덕스럽고 불공정한 판결을 개선하려고 미국에서 활용하는 인공지능입니다.

관련 사업을 펼치는 인공지능 기업도 등장하고 있습니다. 다이버시오Diversio라는 인공지능 기업은 혼다Honda, 유니레버Unilever 같은 업체를 대상으로 채용 등 인사관리 데이터를 분석해 조직 내부에서 포용적인 인사정책을 수립할 수 있도록 도움을 주고 있습니다. 텍스티오Textio라는 기업은 인공지능 기술을 이용해 홍보자료 같은 회사 대내외 문서에 다양성을 침해하는 편향된 표현이 사용됐는지 검토하고, 문제가 있으면 올바른 문장으로 전환하는 서비스를 제공합니다.

두 번째는 인공지능 기술이 갖춰야 하는 요건(Diversity in AI)의 하나로 다양성을 인식하는 관점입니다. 인공지능은 단순한 기술 그 이상도 이하도 아니기에, 인간에게 도움이 되고 우리 사회가 지향하는 보편적 가치와 부합할 때만 의미가 있는데요, 이런 가치를 실현하는 인공지능을 만들기 위해 미국('인공지능 권리장전', 2023년), EU('신뢰할 수 있는 인공지능을 위한 윤리 기준', 2019년), 한국('신뢰할 수 있는 인공지능 실현 전략', 2021년) 등 주요 국가의 정부

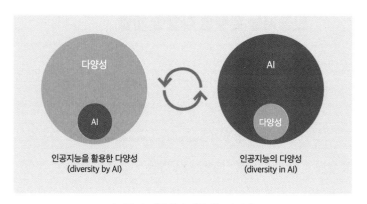

다양성

AI

인공지능을 활용한 다양성
(diversity by AI)

AI

다양성

인공지능의 다양성
(diversity in AI)

〈그림 2〉 다양성과 인공지능의 관계

뿐만 아니라 OECD('인공지능에 관한 OECD 원칙', 2019년), UNE-SCO('인공지능의 윤리에 관한 권고', 2023년) 같은 국제기구에서도 규범을 발표했습니다. 여기에서 인공지능 기술이 갖춰야 할 요건으로 다양성을 포함해 투명성, 안전성, 책임성, 인권 보장, 프라이버시 보호 등을 언급합니다.

사실 이 두 가지 관점은 서로 충돌하지 않고 상호 보완적인 관계에 있습니다. 다양성을 개선하기 위한 도구로서 인공지능을 활용하려면 개발할 때 필요한 기술적·제도적 조치를 마련해야 하기 때문입니다. 결국 인공지능의 다양성(Diversity in AI)을 개선해야만 인공지능을 활용한 다양성(Diversity by AI)도 충족할 수 있을 것입니다.

인공지능 유형별 다양성 개념

앞서 살펴봤듯, 다양성이란 용어는 상황에 따라 다른 의미를 지닙니다. 게다가 빠르게 발전하는 인공지능 기술에 발맞춰 다양한 분야에서 범용기술general purpose technology로 활용되고 있습니다. 따라서 인공지능의 다양성을 구현하기 위한 첫 단계는 인공지능을 활용하는 목적과 상황별로 다양성의 구체적 개념과 의미를 파악하는 것입니다.

인공지능을 사용하는 목적과 상황에 따라 〈그림 3〉과 같이 세 가지 유형으로 구분해봤습니다. 우선 인공지능이 특정 개인이나 집단의 이익을 추구하는 목적으로 활용되는지 여부로 나눴습니다. 그다음에는 이 과정에서 인공지능이 또 다른 개인이나 집단의 이익을 침해하는 상황이 필연적으로 발생하는지 여부로 분류했습니다. 먼저 특정 개인이나 집단의 이익을 추구하는 목적으로 사용하고, 이 과정에서 다른 개인이나 집단의 이익과 충돌하는 상황이 빚어지는 유형을 '경합 인공지능competing AI'이라고 부르겠습니다. 두 번째로 특정 개인이나 집단의 이익을 추구하는 목적으로 활용되지만 다른 개인이나 집단의 이익에는 영향을 미치지 않는 유형을 '비경합 인공지능standalone AI'이라고 하겠습니다. 세 번째로 특정 개인이나 집단의 이익이 아닌 공공 관점에서 사회적으로 최적의 상황을 판단하는 목적으로 사용되는 유형을 '분배 인공

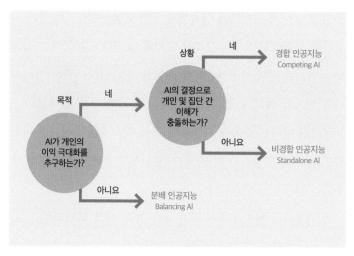

상황

네 → 경합 인공지능
Competing AI

목적 네

AI의 결정으로
개인 및 집단 간
이해가
충돌하는가?

AI가 개인의
이익 극대화를
추구하는가?

아니요 → 비경합 인공지능
Standalone AI

아니요 → 분배 인공지능
Balancing AI

〈그림 3〉 인공지능의 유형화

지능balancing AI'이라고 일컫겠습니다. 정부나 공공기관처럼 사회 후생을 극대화하기 위해 인공지능을 사용하면 분배 인공지능에 속한다고 볼 수 있습니다.

경합 인공지능의 다양성

앞서 설명했다시피 경합 인공지능은 특정 개인이나 집단의 이익을 추구하고, 이 과정에서 다른 개인이나 집단의 이익과 충돌하게 되는 상황에서 활용되는 인공지능입니다. 한마디로 인공지능을 이용해 한쪽이 이익을 얻으면 다른 쪽은 손해를 보는 이른바 '제로섬게임' 상황이 벌어지는 것이죠. 인공지능이 사람

093

을 대신해 예매 사이트에 접속해서 공연 입장권이나 항공권을 확보하는 상황에서는 인공지능이 예매에 성공하면 누군가는 실패할 터이기에 경합 인공지능이라고 할 수 있습니다. 증권시장에서 가격 변동을 빠르게 인식하고 신속하게 거래 주문을 체결하는, 프로그램 매매로 불리는 자동화된 인공지능 기반 주식거래 시스템도 더 비싸게 팔거나 더 싸게 사려는 거래 당사자 간 경쟁을 부추기는 경합 인공지능입니다.

우버Uber나 아마존에서 사용하는 가격 책정 알고리즘pricing algorithm 역시 경합 인공지능이라고 할 수 있는데요, 우버는 특정 지역 수요(승객 수)와 공급(기사 수)을 고려해서 최적 가격을 결정해주는 알고리즘(surge pricing)을 사용합니다. 아마존도 사이트(marketplace)에 입점한 업체들이 이익을 볼 수 있는 가격을 자동으로 책정해주는 알고리즘을 제공합니다.

검색 알고리즘도 경합 인공지능으로 볼 수 있습니다. 우리가 가전제품이나 음식점, 항공권 등을 검색할 때면 검색 알고리즘이 먼저 보여주는 상품에 눈길이 끌리기 마련이죠. 즉, 검색 알고리즘이 우선 내세우는 상품이 유리한 만큼 나중에 나오는 상품은 불리하다는 점에서 경합적입니다.

그래서 경합 인공지능의 다양성이라고 하면 인공지능 기술을 독점하거나 악용해 타인의 이익을 불공정하게 침해하는 행위를 막는 것을 의미합니다. 인공지능의 독점적 활용을 방지하고 누구나 인공지능을 이용하게 해서 기술의 편익을 골고루 누린다는 측면에서 '인공지능의 민주화democratization of AI'나 '인공지능의 접근성accessibility of AI'과 유사한 개념입니다. 또한 경합 인공지능에서 발생하는 다양성 문제는 전통적으로 부정경쟁 행위 또는 불공정·반경쟁 행위로 인식되어, 미국 연방거래위원회Federal Trade Commission, 한국 공정거래위원회 같은 규제당국과 사법기관이 개입하기도 합니다.

이미 경합 인공지능이 불러온 다양성 문제로 사법기관이 개입한 사례가 여럿 있습니다. 2016년 뉴욕 연방지방법원은 우버의 가격 책정 알고리즘을 이용해 우버 운전기사들이 택시 요금을 담합한 것으로 판단하고 우버의 책임을 인정한 일이 있습니다. 우버의 가격 책정 알고리즘이 운영하는 탄력요금제도는 기사 간에 경쟁하지 않을수록 요금이 올라가도록 조정되기 때문에 담합을 수월하게 도와주는 수단으로 판단한 것입니다(김건우, 2017).

2015년에는 미국 법무부가 아마존 사이트에서 포스터를 판매하는 업체 포스터레볼루션Poster Revolution을 상대로 아마존이 제공하는 가격 책정 알고리즘을 악용해 가격을 담합했다는 혐의를 적용해 기소했습니다(OECD, 2017). 이 업체는 2013년 9월부터 2014년 1월까지 경쟁사들과 일부 포스터를 특정 가격에 판매하기로 합의하고, 가격 책정 알고리즘을 이용해 상품 가격 및 매출 정보를 공유했습니다. 결국 조사 과정에서 가격 담합 혐의를 인

095

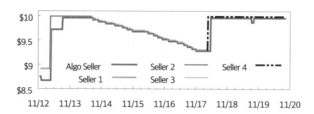

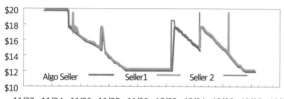

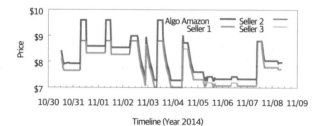

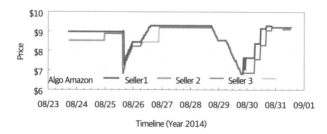

〈그림 4〉 아마존 가격 책정 알고리즘의 가격 담합 효과를 실험한 결과

정하고 2만 달러 벌금을 납부했습니다. 이후 학계에서는 흔히 사용하는 가격 책정 알고리즘이 암묵적인 가격 담합을 손쉽게 도와주는지를 두고 활발한 연구활동을 펼치기도 했습니다. 대표적인 연구로 Le Chen et al.(2016)가 있는데, 실증 분석과 실험을 거친 결과 〈그림 4〉와 같이 가격 책정 알고리즘에 간단한 규칙만 반영해도 경쟁사 간에 수월하게 가격을 담합할 수 있다는 것이 드러났습니다.

수학자 캐시 오닐Cathy O'Neil은 저서 《대량살상 수학무기》에서 빅테크가 자동화된 알고리즘을 이용해 정보가 부족하고 환경 변화에 취약한 계층, 소외된 계층에게 불필요하거나 비싼 소비를 유도하는 상황이 빈번히 발생한다는 사실을 다양한 사례를 들어 소개했습니다.

그래서 정부가 경합 인공지능이 일으키는 다양성 침해 문제를 해결하기 위해 규범을 정립하고 있습니다. 한 예로, 유럽연합은 디지털서비스법Digital Service Act과 디지털시장법Digital Market Act을 제정해 검색 서비스를 제공하는 대형 플랫폼 기업을 상대로 자신이 판매하는 제품을 상위에 올리지 않도록 강제하고, 노출 순위를 어떻게 결정하는지 알고리즘 작동 원리를 설명해달라는 요구를 받으면 따라야 할 의무를 부과했습니다.

요약하자면 경합 인공지능의 다양성은 인공지능 기술을 독점해서 부당한 이익이나 피해가 발생하지 않도록 방지하며 누구나 보편적으로 이용할 수 있게끔 인공지능 기술을 민주화하고, 접근성을 개선하는 활동과 관련이 있습니다.

비경합 인공지능의 다양성

비경합 인공지능이란 특정 개인이나 집단의 이익을 추구하되 다른 개인이나 집단의 이익에는 나쁜 영향을 미치지 않는 상황에서 활용되는 인공지능을 말합니다. 경합 인공지능과 가장 큰 차이점이라면 인공지능이 목적을 달성하는 데 누군가의 비용이나 피해가 반드시 수반될 필요는 없다는 것입니다.

사실 오늘날 활용하는 인공지능은 대부분 비경합 인공지능에 속합니다. 넷플릭스 같은 OTT(Over The Top) 서비스 사업체가 가입자에게 제공하는 콘텐츠 추천 알고리즘이 특정 시청자의 성향을 반영해 좋은 추천을 해주었는지 여부가 다른 가입자에게 영향을 미치지는 않습니다. 암 진단 인공지능이 환자의 MRI 이미지를 정확하게 판별했는지 여부도 해당 환자 말고는 별 관심이 없고요. 자율주행 알고리즘이 안전하고 신속한 경로로 주행한다고 해서 누군가가 희생이나 비용을 치르지는 않습니다. 금융거래 사기를 탐지하는 알고리즘 역시 거래에 관여한 사람 이외에는 영향을 주지 않습니다.

비경합 인공지능의 다양성 문제는 누가 쓰건 어떤 환경에서 활용하건 상관없이 의도한 성능을 발휘하는 것을 의미합니다.

즉, 여러 유형의 이용자가 믿고 사용할 수 있으며, 다양한 환경에서 기대하는 성능을 발휘해야 합니다. 특정 그룹이나 상황에서 이용하더라도 성능이 급격히 떨어지지 않아야 한다는 점에서 인공지능의 강건성 또는 견고성과 유사한 개념입니다.

대다수 인공지능이 비결합 인공지능이기 때문에 그동안 다양성과 관련해 가장 많은 문제가 발생하기도 했습니다. 여기서는 크게 나누어 인종 다양성과 성별 다양성을 반영하지 못한 인공지능 사례를 소개하겠습니다.

2015년 구글은 구글포토 이용자에게 이미지에 담긴 대상과 배경을 식별해 자동으로 이름tag을 붙이고 카테고리를 분류해주는 기능을 제공했는데, 아이티계 미국인을 고릴라로 잘못 인식하는 문제가 발생한 일이 있습니다.

2016년에도 온라인 언론매체 〈프로퍼블리카ProPublica〉는 미국의 20개 주 이상에서 보석과 가석방 여부를 결정할 때 이용하는 재범 위험 예측 인공지능인 컴퍼스가 인종 편향적 결과를 내놓는다고 보도했습니다. 기사에 따르면 재범을 저지르지 않을 피고인을 재범 위험이 높다고 잘못 분류할 확률은 흑인이 백인보다 2배 넘게 높았고, 반대로 재범을 저지를 피고인을 재범 위험이 낮다고 잘못 분류할 확률은 백인이 흑인보다 2배 이상 높았다고 합니다.

오늘날까지도 인공지능이 백인과 유색인종 간에 보이는 성능

〈그림 5〉 피부색에 따른 성능 차이로 논란이 된 구글포토(왼쪽)와 컴퍼스(오른쪽)

편차가 심한 사례는 끊이지 않습니다. 한 예로, 2018년 조지아공과대학과 2023년 영국 킹스칼리지런던은 각기 자율주행차에 탑재되는 보행자 감지 인공지능이 피부색이 어두운 보행자보다 밝은 보행자에게 더 정확히 작동한다는 연구 결과를 발표했습니다.

인공지능이 젠더에 따라 성능 차이를 보인 대표적 사례는 구글이 개발한 언어모델 '워드투백word2vec'입니다. 엄청나게 많은 단어를 통계적으로 분석해서 단어의 동시 출현 빈도를 계산하는 것이 이 언어모델의 기본 원리입니다. 각 단어를 고차원 공간에 벡터로 표시하고 동시 출현 빈도를 토대로 두 단어의 거리를 계산하는 '워드 임베딩word embedding' 방식으로 데이터를 표현합니다. 이때 동시 출현 빈도가 높을수록 두 단어 사이 거리는 짧아집니다. 그러면 '남자에게 X는 여자에게 Y다'와 같은 언어 추론이 가능해집니다. X에 왕king을 대입하면 Y에서 여왕queen을 도출하

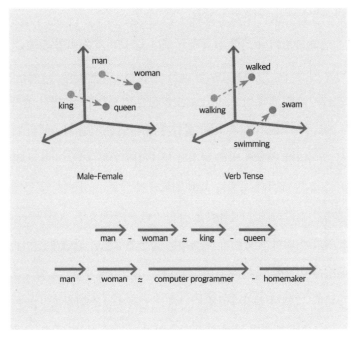

〈그림 6〉 워드투백의 3차원 표현(위)과 젠더의 성능 문제 예시(아래)

는 것이죠. 워드투백은 아이디어의 참신성과 성능의 탁월성으로 "드디어 쓸 만한 인공지능 언어모델이 나왔다"는 극찬을 받으며 학계와 산업계의 시선을 동시에 끌었습니다. 그러다 구글 연구팀에서 워드투백이 젠더 중립적인 상황에서도 빈번하게 편향적 결론을 도출하는 현상을 발견합니다. '남자에게 컴퓨터 프로그래머는 여자에게 X'라는 등식에서 X를 '가정주부'로, '남자 조카가 천재라면 여자 조카는 Y'에서 Y를 '귀고리'로 추론하는 식이었습니다(마이클 키언스·아론 로스, 2021).

　신약 개발이나 의학 실험에서 젠더 간 데이터 차이가 성능 차이로 이어지는 사례도 꾸준히 언급되는데요, 영국 언론가 캐럴라인 크리아도 페레스Caroline Criado Perez는 저서 《보이지 않는 여자들》에서 생각보다 많은 의학 실험과 신약 임상 시험 과정에서 여성 데이터가 남성에 비해 현격히 덜 포함되거나, 여성의 특정 하위 그룹은 데이터 자체를 아예 집어넣지 않는 젠더 데이터 공백 문제가 심각하다고 지적했습니다. 가령 전통적으로 심장마비는 동맥의 어디가 막혔는지 보여주는 혈관조영술로 진단해왔는데, 여성은 동맥에 막힌 부분이 없더라도 심장마비가 올 수 있다고 합니다. 그래서 심장마비를 진단하는 인공지능을 혈관조영술 이미지로 학습시키면 남성 환자보다 여성 환자의 심장마비를 잘못 진단할 확률이 매우 높을 수 있습니다.

　영국 경제주간지 〈이코노미스트The Economist〉는 2020년 6월 11일자에 '인공지능의 한계를 둘러싼 이해가 깊어지고 있다An understanding of limitations of AI's is sink in'라는 제목으로 기사를 실었습니다. 실험 단계에서 잘 작동하던 인공지능이 현장에 가면 급격히 성능이 떨어지는 문제가 흔히 발생하는데, 그 이유는 잘 통제된 실험실 환경에서 정제된 데이터로 학습한 인공지능이 통제되지 않는 현장의 다양한 환경에서 학습 데이터와는 다른 대상을 만나면 성능이 떨어지는 견고성 문제가 생기기 때문이라는 내용의 기사였습니다(〈The Economist〉, 2020.6.11.).

요약하자면 비경합 인공지능의 다양성은 어떤 환경에서 누가 이용하건 의도한 성능을 발휘해야 한다는 점에서 강건하고 견고한 인공지능을 구현하는 활동과 관련이 있습니다.

분배 인공지능의 다양성

앞서 소개했다시피, 분배 인공지능이란 특정 개인이나 집단의 이익이 아닌 공공 관점에서 사회적으로 최적의 상황을 판단하는 인공지능입니다. 주로 여러 사람의 이해관계를 조정하거나 다수의 이익을 극대화하는 정부와 공공기관에서 이용하는 인공지능이 여기에 해당한다고 할 수 있습니다. 제한된 자원을 최적으로 배분해서 사회 후생을 극대화한다는 점에서 경제학의 관심사인 최적 자원 배분이나 최대 다수의 최대 행복을 이야기하는 공리주의적 의사결정과 관련이 깊습니다.

가령 기업에서 프로젝트마다 예산을 분배하거나 정부에서 복지 예산을 어떤 취약계층에 얼마나 할당할지 의사결정을 내릴 때 인공지능이 돕는다면 분배 인공지능이라고 할 수 있습니다. 이렇게 기능하는 분배 인공지능에서 다양성이라고 하면 여러 이해관계자의 선호와 가치를 고르게 반영하고 상충하는 선호를 조정해서 자원을 분배하는 것을 의미합니다. 인공지능의 형평, 비차별, 공정성, 포용 등과 유사한 개념이기도 하고, 다양한 이해관계를

103

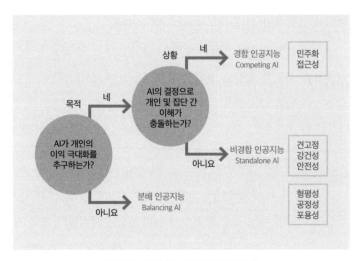

〈그림 3〉 인공지능 유형별 다양성 개선

조정하는 활동이기에 가치 정렬value alignment 문제라고도 합니다. 분배 인공지능의 다양성을 풀이하는 사전적 의미와 가장 비슷한 개념이라 볼 수 있고, DEI 차원에서 벌이는 논의와도 가장 가깝습니다.

다양성을 위해 고려할 사항

이제 다양성을 높이는 인공지능을 구현하고자 할 때 정책 입안자, 기업 경영자 그리고 개발자 등 관계자들이 고려해야 할 사항을 제시하려고 합니다. 올바른 다양성을 위해 필요한 네 가지 질문을 던지고, 그 답을 찾아볼 생각입니다.

인공지능을 향해 어느 수준의 다양성을 요구해야 할까?

첫 번째로 인간에 비해 한결 엄격한 다양성을 인공지능에 요구할 것인지 질문해봅니다. 만일 그렇다면 과연 기술적으로 구현할 수 있을지도 함께 고민해볼 문제입니다.

앞서 소개한 동맥경화 진단 사례나 워드투백처럼 인공지능이 젠더에 따라 성능 차이를 보이거나 차별을 한다면 다양성 원칙에 어긋나므로 개선해야 한다는 주장에는 누구나 동의할 것입니다. 한 단계 더 들어가 동일한 젠더 안에서 인종 간 성능 차이를 보이거나 차별하지 않도록 인공지능에 요구하는 것도 타당해 보입니다. 그렇다면 여기서 한 단계 더 들어가 동일한 젠더와 인종 안에서 연령 간에도 성능 차이를 보이거나 차별하지 않아야 한다고 요구하는 것은 어떤가요? 동일한 젠더와 인종, 연령대 안에서 종교를 두고도 성능 차이를 보이거나 차별하지 않아야 한다고 요구하는 것은요? 젠더, 인종, 연령, 종교까지 동일한 사람들 사이에서, 사는 지역에 따른 성능 차이나 차별도 없도록 요구한다면 너무 과도하지 않을까요? 한마디로 어느 수준의 하위 집단까지 인공지능이 다양성과 형평성을 보장해야 할까요? 나눌 수 있는 모든 하위 집단을 통틀어 성능 차이나 차별이 없도록 하자면 기술적으로 불 105

가능하기에 어느 수준까지 요구할지 결정해야 합니다.

할리우드에서 활동하는 배우 제니퍼 로렌스Jennifer Lawrence는 넷플릭스 영화 〈돈 룩 업Don't Look Up〉을 촬영하고 나서, 할리우드에 만연하지만 누구도 언급하기를 꺼리던 젠더 간 급여 차이를 공론화해서 여성 차별에 용감히 맞서는 배우로 존경을 받았습니다. 그런데 2024년 아카데미 시상식에서 평소 친한 사이로 알려진 엠마 스톤Emma Stone이 여우주연상을 받자, 전년도 여우주연상 수상자로서 자신과 함께 시상을 하러 나온 중국계 말레이시아 배우 양자경楊紫瓊, Michelle Yeoh에게서 트로피를 가로채 대신 건네는 무례한 모습을 보였죠. 이런 행동을 목격한 사람들은 과연 제니퍼 로렌스가 할리우드에서 여성 배우들이 피해를 입었다고 주장하는 범주에 백인이 아닌 흑인이나 동양인도 포함되는지 의구심을 품기에 충분했습니다. 더불어 인간이 보편적으로 지닌 형평과 다양성의 한계도 명확히 보여주었습니다.

비경합 인공지능의 사례로 소개한 재범 위험 예측모델도 인간이 내리는 편협하고 자의적이며 그래서 다양성을 해치는 판결을 보완하기 위해 설계된 시스템입니다(Brian Christian, 2020). 1930년대 일리노이주에서 주관적이고 일관성 없는 가석방 결정이 사회 문제로 떠오르자, 가석방 대상자가 가석방 이후에 재범할 가능성을 과학적으로 예측해 가석방 여부를 결정하자는 취지에서 수십 년간 다양한 시도가 거듭됐습니다. 그리고 마침내 1998년 노스포

1930~	1998~	2014~2015	2016
일리노이주 가석방위원회, 주관적이고 일관성 없는 가석방 결정을 과학적 예측으로 보완하기로 결정	마케팅 전문가 팀 브레넌(위), 재범위험 예측모델 컴퍼스 개발(아래), 2000년까지 20개 이상 주 사용	법을 집행할 때 예측 시스템 사용을 확대하자고 주장한 〈뉴욕타임스〉 기사	컴퍼스의 인종 편향성을 보도한 〈프로퍼블리카〉 기사

〈그림 8〉 재범 위험 예측모델의 역사

인테에서 컴퍼스를 개발했습니다. 흥미로운 점은 2016년 〈프로퍼블리카〉에서 컴퍼스가 인종 간에 성능 차이를 보인다는 보도를 내놓기에 앞서 2014년과 2015년에 〈뉴욕타임스〉가 컴퍼스 덕분에 인간이 엉망으로 운영해온 가석방 시스템이 개선됐으니 컴퍼스 같은 재범 위험 예측모델을 의무적으로 사용해야 한다는 기사를 여러 차례 게재했다는 사실입니다. 결국 재범 위험 예측모델이 완벽하게 다양성을 보장해주지는 않지만, 다양성을 추구한다는 점에서 인간의 약점을 보완하기 위해 개발됐고 인간보다 더 효과적으로 다양성을 개선해준다면 인공지능이 충분히 제 역할을 한다

107

고 볼 수 있을 것입니다.

또한 인간 사회에서는 이기주의, 사회적 관습, 제한된 합리성 등 여러 요인 때문에 다양성 문제가 제기됐고, 해결하기 쉽지 않았습니다. 그 다양성 문제를 인공지능이 일으킨다면 대개는 인간 사회에 원인이 있다는 점도 인식할 필요가 있습니다.

비경합 인공지능 사례로 언급한 구글포토에서 흑인을 잘못 인식한 것도 흑인 등 소수인종 사진이 백인에 비해 수량도 적고 품질도 낮았기 때문에 벌어진 일입니다. 사진의 수량과 품질이 미흡한 문제는 1950년대로 거슬러 올라갑니다. 그때는 코닥이 미국과 유럽에서 필름카메라 시장을 빠른 속도로 성장시키던 시절이었고, 당연하게도 고객 대부분이 백인이었기에 백인 피부톤에 최적화된 필름지와 인화기술을 발전시킬 필요가 있었습니다. 그 결과 백인과 흑인이 함께 있는 사진을 보면 백인 이목구비와 표정은 선명한데 흑인은 누구인지 알아보기 힘들 정도입니다. 1970년내에 영화감독 장 뤽 고다르Jean Luc Godard가 코닥을 향해 인종차별주의자라고 비난하며 불매운동을 벌이기도 했지만, 코닥의 행보는 기업이 고객 맞춤형으로 제품을 개발한 결과의 전형이었습니다. 디지털 시대에도 여전히 인종 간 이미지에 수량과 품질 차이가 존재했고, 구글은 그런 이미지로 인공지능을 학습시킨 탓에 피부색마다 품질 차이가 있었던 것입니다.

인공지능에 어느 정도로 다양성을 요구해야 하는지 판단할 때는 인간 개개인과 이들이 모인 사회가 이런저런 이유로 다양성을 고려하는 데 취약할뿐더러, 인공지능은 그런 인간의 약점을 보완하는 도구임을 잊지 않아야 합니다. 인간에 비해 지나치게 엄격한 수준의 다양성을 요구하는 일도 다시 생각해봐야 합니다. 그리고 인공지능의 다양성을 개선하기 위해서는 학습 데이터나 개발자들이 지닌 편견 등이 인공지능에 이식되지는 않는지 검토하는 노력도 필요합니다.

다양성의 기회비용은 무엇일까?

앞 절에서 세 가지 유형의 인공지능이 각각 다양성을 개선하기 위해 어떤 노력이 필요한지 설명했습니다. 경합 인공지능은 접근성과 민주화, 비경합 인공지능은 견고성과 강건성, 그리고 분배 인공지능은 형평성과 포용성을 향해 나아가면 다양성을 개선할 수 있습니다.

그렇다면 인공지능 다양성을 위해 접근성, 견고성, 형평성 등을 개선할 때 숨은 비용은 없을까요? 1950년대에 인공지능 연구가 시작된 이후 기술혁신을 위해 여러 방면에서 노력을 이어왔습니다. 그 결과 오늘날 인공지능은 입력된 데이터에서 패턴을 찾아 예측하는 확률적 추론 방식으로 발전했습니다. 하지만 확률적 추론은 언제나 오류나 오차가 있을 수밖에 없기에 결국 특정한 상황에서는 의도한 대로 작동하지 않거나 성능이 뚝 떨어지는 문제가 발

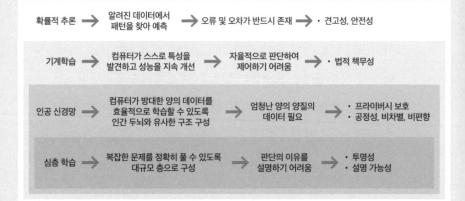

<그림 9> 인공지능의 기술적 특성과 신뢰성 문제의 관계

생합니다. 심지어 오류나 오차가 없도록 만들려고 욕심을 부리다가 과적합 문제를 일으키며 견고성을 더욱 떨어트리기도 합니다.

또한 오늘날 인공지능은 방대한 양의 데이터를 효율적으로 학습하기 위해 인공 신경망 구조를 갖추고 있습니다. 그래서 양질의 방대한 데이터가 성능을 좌우합니다. 그런데 양질의 데이터를 확보하는 일이 그렇게 쉽지만은 않습니다. 형평성과 포용성을 위해 모든 하위 집단을 제대로 아우르는 대표성 있는 데이터가 필요한데, 앞서 설명했다시피 이런 데이터를 수집하기란 현실적으로 불가능합니다.

결국 오늘날 인공지능 다양성 문제는 산업화 시대 환경오염처럼 인공지능을 혁신하는 과정에서 발생한 부작용이라고 할 수 있습니다. 장기적 관점에서 보면 기술혁신으로 인공지능의 성능을 희생하지 않고 부작용을 해결하는 일이 가능하겠지만, 단기적으로는 다양성을 개선하기 위해 인공지능의 성능 저하를 감수해야 할 수도 있습니다.

인공지능 학자 마이클 키언스Michael Kearns와 아론 로스Aaron Roth는 저서《알고리즘 윤리》에서 대입 시스템을 사례로 들어 성능과 다양성의 상충관계를 설명합니다. 우수한 대입 시스템은 성공적인 대학생활에 적합한 학생은 입학시키고 그렇지 않은 학생은 탈락시키는데, 입학생들의 다양성을 고려해 입학 합격선을 조정한다면 대학생활을 잘해낼 학생 일부가 탈락하거나 그렇지 못한 학생이 입학하는 식의 희생을 치르게 된다는 내용입니다.

인공지능 다양성을 개선하려다 보면 기회비용이 발생한다는 사실을 이해해야 합니다. 인공지능 기술이 지닌 속성에서 다양성 문제가 생겨나기 때문입니다. 그래서 다양성을 개선하기 위해 단기 관점에서 인공지능 성능이 떨어지는 문제 등은 감수해야 합니다. 또한 대입 시스템을 사례로 들어 설명했듯, 시스템의 목표와 다양성 요구는 종종 상충관계에 있기 때문이기도 합니다.

다양성에 관한 사회적 합의를 끌어낼 수 있을까?

다양성 문제는 인간의 이기심, 사회적 편견, 관습, 제한된 합리성 등 다양한 요인에서 출발하기에 다양성의 바람직한 수준을 놓고 사회적으로 합의하기란 매우 어렵습니다. 앞서 언급했다시피, 다양성을 개선하려면 비용이 듭니다. 단기적인 비용은 인공지능의 성능 저하에서 비롯되고, 장기적인 비용은 다양성을 확보하기 위한 연구개발 투자금액입니다. 다양성을 위해 이런 비용을 지불할 가치가 있는지는 사람마다 생각이 다를 것입니다.

다양성 개념끼리 일으키는 충돌 문제도 사회적 합의를 어렵게 만듭니다. 앞서 〈프로퍼블리카〉의 분석을 사례로 들었듯, 재범 위험 예측모델인 컴퍼스가 재범 가능성이 없는 피고인을 고위험으로 잘못 분류할 확률은 흑인이 백인보다 2배 이상 높았고, 반대로 재범 가능성이 있는 피고인을 저위험으로 잘못 분류할 확률은 백인이 흑인보다 2배 이상 높았죠. 재범 가능성이 없는 사람을 그럴 가능성이 있다고 잘못 판단하는 오류를 긍정오류false positive라고 하고, 재범 가능성이 있는 사람을 그렇지 않다고 잘못 판단하는 오류를 부정오류false negative라고 합니다. 〈프로퍼블리카〉에 따르면, 재범 위험 예측모델이 다양성 요구를 충족하려면 흑인과 백인 사이의 긍정오류율과 부정오류율을 동시에 일치시켜야 합니다. 하지만 인공지능 연구자 존 클라인버그Jon Kleinberg가 수학적으로 증명했듯 그런 일은 불가능합니다(Kleinberg et al., 2016). 그렇다면 누군가는 부정오류율을, 또 다른 누군가는 긍정오류율을 맞히는 것이 옳다고 주장할 법합니다.

다양성을 둘러싸고 개인과 집단의 관점이 서로 다른 측면도 사회적 합의를 어렵게 만듭니다. 가령 자동차 보험료는 연령에 따라 차이가 납니다만, 일반적으로는 운전이 미숙하고 거칠 확률이 높다고 알려진 20대에게 높은 보험료를 책정합니다. 얼핏 보면 연령대에 따라 운전기술과 성향의 다양성을 고려한 합리적인 결과인 듯합니다. 하지만 사실 20대 중에도 태생적으로 중장년보다 안전하게 운전을 잘하는 개인도 있습니다. 이런 사람 처지에서는 단지 20대에 속한다는 이유로 자신보다 운전이 미숙하고 거친 중장년에 비해 높은 보험료를 지불한다는 것은 형평에 어긋나는 일입니다.

다양성을 위한 노력이 의도한 결과를 보장할까?

끝으로 다양성을 위한 우리의 노력이 항상 의도한 결과로 이어지지는 않는다는 점을 언급하고 싶습니다. 사실 인공지능이 가장 잘하고 또 가장 널리 활용되는 영역이 개인화 서비스입니다. 개인의 구매 이력을 살펴보고 취향을 파악해 제품을 추천하고, 정치 성향을 분석해 원할 성싶은 뉴스를 선별하고 제공합니다.

콘텐츠를 추천하는 데 그치지 않고 가입자들이 바라는 영화나 드라마를 제작하기도 합니다. 넷플릭스는 회원들을 약 2000개 고객 집단taste cluster으로 구분하고, 이 중 한 집단의 취향을 저격micro targeting하는 콘텐츠를 제작한다고 합니다. 2000만 명 넘는 10대 회원의 찬사를 받은 하이틴 로맨스 드라마 〈키싱 부스The Kissing Booth〉와 8년간 공중파에서 방영하다 시청률 문제로 종영한 〈길모어 걸스Gilmore Girls〉의 판권을 사들여 성인이 된 주인공 이야기를 4부작으로 제작한 사례가 대표적입니다.

하지만 인공지능이 고객 성향을 파악하고 맞춤형 콘텐츠를 선별해 제공하는 식으로 다양성을 배려하면 오히려 개개인이 다른 의견과 취향도 존재한다는 점을 용인하지 않거나 심지어 인식조차 못 하는 필터 버블filter bubble 현상을 낳습니다. 따라서 인공지능이 다양성을 고려한다는 취지로 제공하는 개인화된 서비스가 도리어 다양성을 용인하지 않는 파편화된 사회라는 의도치 않은 결과를 불러올 수 있다는 점을 인식할 필요가 있습니다.

AI 다양성
관점에서
혁신 전략을
묻다

안현실 _ 울산과학기술원UNIST 연구부총장,
기술경영전문대학원 교수

변화의 바람이 불어닥칠 때면 언제나
기존 시스템과 충돌했습니다.
어떤 기술도 등장할 때 리스크 또는
저항에 부딪히지 않은 적이 없습니다.
기존 상식으로 보면 변화는 비상식적인
일입니다.

대전환과 게임 체인지
그리고 다양성

역사에 한 획을 긋는 이른바 대전환great transformation이라고 하면 '지배적 표준dominant design'이 교체된다는 의미입니다. 우리 주변에서 익숙한 것들이 사라질 겁니다. 그것도 대거 모습을 감출 것입니다. 소小전환도 중中전환도 아닌 대大전환은 그 충격이 훨씬 클 것이라는 뜻입니다.

그렇다면 대전환에서는 누가 살아남을까요? 아니, 누가 생존할 확률이 높을까요? 답은 자명합니다. '변이'와 '적응'이라는 진화론 관점에서 보면, 변이 수를 많이 늘려야만 적응 가능성을 높일 수 있을 것입니다. '불확실성uncertainty'을 넘어 '극도의(근원적) 불확실성radical uncertainty'이라는 시대에 다양성을 눈여겨봐야 하

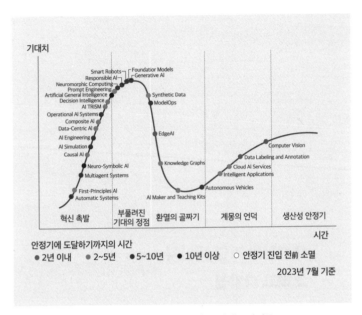

〈그림 1〉 2023년 가트너의 AI 하이프 사이클

는 이유가 바로 여기에 있습니다.

　오늘날 대전환은 인공지능, 그중에서도 초거대·생성형 AI가 이끌고 있다는 점에는 이견이 없습니다. 〈그림 1〉과 같이 시장조사 전문기관 가트너에서 발표한 'AI 하이프Hype 사이클 2023'은 파운데이션 모델들과 생성형 AI가 기대 수준의 절정 단계에 도달했음을 보여주었습니다(Gartner 2023). 이런 결과는 지금부터 누가 기대와 현실 사이 격차를 해소할 수 있는가를 두고 치열한 경쟁이 벌어질 것이라고 예고하는 지표입니다.

〈표 1〉 역사적 게임 체인지 10대 관찰 포인트

1	한번 게임 체인지가 일어나면 다시 되돌릴 수 없다.
2	역사의 흐름을 거스르면 누구도 예외 없이 사라진다.
3	패권국은 게임 체인지 사이사이에 나타난다.
4	게임 체인지 전에 있던 비상식은 게임 체인지 후에 상식이 된다.
5	게임 체인지에 필요한 것은 발명 자체가 아닌 실용화와 보급이다.
6	전례 없는 일이 한번 성공하면 그 사건이 전례가 되어 게임 체인지가 일어난다.
7	'지知의 해방'은 반드시 게임 체인지를 몰고 온다.
8	게임 체인지의 계기가 되는 새로운 물결은 언제나 '변경邊境'에서 시작된다.
9	게임 체인지가 일어나면 그 변화를 이해할 수도, 수용할 수도 없어 인위적으로 역사의 흐름을 되돌리려는 반동 세력이 나타난다.
10	게임 체인지가 일어나는 요인은 '사건 크기'가 아닌 '유례없는 조짐'이다.

역사를 돌아보면 게임 체인지는 반복해 일어났습니다. 일본의 역사 전도사로 불리는 진노 마사후미神野正史는 농업, 철기, 일신교, 종이와 책자, 크리스트교, 기마騎馬, 불교, 제정帝政, 활자 인쇄, 종교개혁, 중앙집권제, 산업혁명, 프랑스혁명, 총력전, 핵병기, 인터넷, 애니메이션 등을 모두 역사에 게임 체인지를 몰고 온 일대 사건으로 보는데요, 〈표 1〉과 같이 그가 이들 사건을 연구하며 관찰한 10가지 포인트가 있습니다(神野正史, 2022).

변화의 바람이 불어닥칠 때면 언제나 기존 시스템과 충돌했습니다. 어떤 기술도 등장할 때 리스크 또는 저항에 부딪히지 않은 적이 없습니다. 기존 상식으로 보면 변화는 비상식적인 일입니다. 즉, '게임 체인지'는 '비상식'을 '상식'으로 바꾼다는 얘기죠. 여기서 '비상식의 상식화'로 가는 문은 다양성이 존중될 때 비로소 열릴 수 있다는 점이 중요합니다.

AI 다양성 관점에서 보는 혁신 전략 이슈

지금부터 AI 다양성 관점에서(다양성을 위한 AI, AI를 위한 다양성) 혁신 전략에 질문을 던지려고 합니다. AI 시대에 살아남기 위해 기술혁신 전략 교과서를 다시 써야 한다면 이런 논의가 의미 있는 단초를 제공할 수 있을 것입니다. 여기서 제시하는 이슈들은 검증이 필요한 '가설적 추론'임을 미리 밝혀둡니다.

기업 주도 속 혁신 주체의 변화

초거대·생성형 AI의 총아로 떠오른 미국 오픈AI는 비영리 민간단체입니다. 중요한 혁신 주체 또 하나는 스타트업을 넘나들며 경계를 허무는 개인인데요, 전통적 혁신 주체인 기업, 대

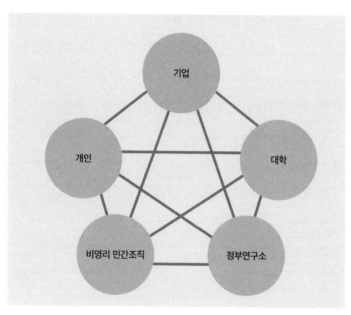

〈그림 2〉 주요 혁신 주체

학, 정부연구소(이른바 산·학·연) 중 기업(특히 미국 빅테크)이 AI를 주도하는 가운데 비영리 민간조직과 개인 등이 새로운 혁신 주체로 부상하고 있습니다(〈그림 2〉 참조, Schilling, 2023). 이런 흐름이 AI 시대의 특징입니다.

당연히 한국도 주목해야 할 부분입니다. 문제는 이렇게 AI 혁신 주체가 변화하는 현상이 미국에서 주로 나타난다는 점입니다. 우리도 분발해야 합니다. 그러지 않으면 경쟁력에 큰 타격을 입을 테니까요.

전통적 혁신 분류체계의 붕괴

AI는 제품혁신product innovation일까요, 아니면 공정혁신 process innovation일까요? 이제는 전통적 혁신 전략 교과서에서 말하던 제품혁신과 공정혁신의 분류가 허물어지는 추세입니다. 초거대·생성형 AI는 이전에 없던 다양한 혁신 형태와 패턴을 창출하고 있는데, 알고리즘 혁신, 데이터 혁신, 대화형 혁신, 생성형 혁신 등이 그런 사례입니다.

이 중에서 알고리즘 혁신은 단연 미국 빅테크가 주도하는 상황입니다. 다양한 비즈니스 모델이 출현할 것으로 보이지만, 기술혁신, 그중에서도 알고리즘 혁신이 특정 국가와 특정 기업에 좌우되는 시나리오는 AI 다양성 관점에서 고민해볼 대목입니다.

사용자 혁신의 부상

생산자 쪽에서 '고객 맞춤형 서비스'를 강조하고 있지만, 소비자들이 AI 비서를 하나씩 소유하는 시대로 가면 '사용자 혁신'이 지금보다 훨씬 중요해질 것입니다. 생산자와 사용자 사이에 다양한 혁신이 결합할 것으로 예상됩니다.

문제는 글로벌 트래픽 기준으로 AI 사용자를 국가별로 비교해보면 〈그림 3〉과 같이 편중 현상이 나타난다는 점입니다(Writer-buddy). 앞으로 사용자 혁신이 중요해지는 만큼 AI 사용자의 다양성에도 주목해야 합니다.

국가	총 방문자 수	트래픽 비율
미국	5.5B	22.62%
인도	2.1B	8.52%
인도네시아	1.4B	5.60%
필리핀	1.3B	5.25%
브라질	1.3B	5.22%
영국	665M	2.74%
일본	642M	2.65%
독일	630M	2.60%
멕시코	579M	2.39%
캐나다	534M	2.20%
프랑스	481M	1.98%
말레이시아	434M	1.79%
콜롬비아	415M	1.71%
스페인	377M	1.55%
베트남	351M	1.45%
아르헨티나	320M	1.32%
호주	319M	1.32%
파키스탄	271M	1.12%
러시아	270M	1.11%
페루	268M	1.10%

〈그림 3〉 AI 앱 트래픽 기준 사용자 국가별 비중

표준의 다극화

이른바 '수확 체증 현상increasing returns to scale'을 보여주는 지식산업에서 '표준 전쟁'이라고 하면 '승자 독식'이 떠오릅니다. 승자 독식은 이론상 가능하지만, 현실에서는 여러 장벽이 존재합니다. 미국과 중국의 충돌도 그중 하나일 것입니다.

AI 패권을 둘러싸고 미국과 중국이 충돌하는 양상은 후발 주자 처지에서 다행인 면도 있습니다. AI 표준이 하나가 아닌 복수, 나아가 그 이상도 공존할 수 있는 공간이 생겨나기 때문입니다. AI를 주권 관점에서 바라보는 국가가 많은 것은 AI 다양성 추구 문제와 관련이 있을 것입니다. 한국 또한 이런 기회를 전략적으로 활용할 수 있어야 할 것입니다.

많이 시도하고 빨리 실패하기

AI 시대에는 '많이 시도하고 빨리 실패하는try many, fail fast' 자세가 유리합니다. 스타트업, 그중에서도 '퍼스트 무버first mover'가 중요한 이유입니다. 다만 〈표 2〉와 같이 이점이 많은 만큼 감수해야 할 리스크도 큽니다(Schilling, 2023).

리스크가 적고 이점을 누릴 기회가 많은 사회와 그 반대인 곳

〈표 2〉 퍼스트 무버의 이점과 위험

퍼스트 무버의 유리한 점	브랜드 충성도와 기술 리더십 확보
	희소자산 선점
	사용자 전환 비용상 이점
	수확 체증 기대효과
퍼스트 무버의 불리한 점	막대한 연구개발비
	공급망과 유통망 미흡
	유망 기술과 보완 기술 부족
	고객 니즈의 불확실성

〈그림 4〉 퍼스트 펭귄의 상반된 장면

에서 퍼스트 무버가 출현할 가능성은 양 극단으로 치달을 터입니다. 천적인 바다표범이 숨어 기다릴지도 모르는 위험한 상황에서 맨 먼저 뛰어드는 이른바 '퍼스트 펭귄'이 보이는 자세도 〈그림 4〉처럼 두 사회에서 완전히 다를 것입니다(鈴木正彦/末光隆志, 2023).

　실험과 도전에 나서는 퍼스트 무버를 많이 배출하는 사회가 당연히 혁신에 유리하겠죠. 문제는 퍼스트 무버가 대부분 미국에서 나온다는 점입니다. AI 다양성 관점에서 보면 미국 이외의 국가들도 퍼스트 무버의 출현 가능성을 높일 수 있도록 깊이 고민해야 합니다.

솔로냐, 콜라보냐?

협력할 때 고려할 수 있는 기존 방식으로는 전략적 제휴, 조인트벤처, 라이센싱 인licencing in, 라이센싱 아웃licencing out, 아웃소싱, 공동연구 컨소시엄 등이 있습니다. 기업은 속도, 비용, 통제, 역량 등을 따져 최적의 협력방식을 선택합니다.

AI 시대를 맞아 마이크로소프트와 오픈AI가 실현한 전례 없는 협력 사례는 주목할 만합니다. 기존에는 대기업이 새로운 기술을 획득하기 위해 스타트업에 지분투자를 하고, 스타트업은 그 투자를 받아 아이디어를 실현하는 방식으로 협력했습니다. 마이크로소프트와 오픈AI는 그런 차원을 훌쩍 뛰어넘는 고도의 전략적 협력 사례를 남겨 협력의 새 역사를 썼다고 할 수 있습니다.

설명하자면 이렇습니다. 마이크로소프트는 오픈AI에 자금을 지원해서 기술을 개발하게 한 다음, 오픈AI가 시장에 새로운 서비스를 출시하고 모든 테스트를 거친 뒤에 비로소 자사 비즈니스 모델에 도입하는 방식을 선택했습니다. 스타트업의 특성인 'MVPMinimum Viable Product'(최소기능제품)를 최대한 활용해 기술과 시장의 불확실성을 돌파한 것입니다. 그것도 비영리재단 스타트업을 활용한 것이었습니다. 마이크로소프트는 직접 이 모든 일을 전개하다가 혹여 실수라도 일어나면 위험부담이 무척 크다고 판단했을 것입니다. 아울러 기업결합이나 다름없는 형태로 오픈AI와 협력하면 발생하게 될 독과점 법적 리스크도 고려했을 테고요.

한편 오픈AI는 마이크로소프트에서 끌어들인 풍부한 자금을 레버리지로 삼아 뛰어난 인재를 모았습니다. 좋은 인재가 모이면 큰 성과를 낼 가능성도 그만큼 높아지겠죠. 오픈AI는 이런 공식으로 기술을 개발하고 시장가치를 엄청나게 끌어올릴 수 있었습니다.

한마디로 AI 시대에 등장한 새로운 협력모델입니다. 유감스럽게도 이런 협력이 가능한 나라는 현재 미국밖에 없다는 생각이 듭니다. 이 점도 AI 다양성 관점에서 깊이 생각해볼 대목입니다.

누가 저작권을 개혁할 것인가?

최근 들어 생성형 AI와 기존 저작권이 서로 충돌하는 추세입니다. 저작권으로 생성형 AI의 가능성을 제약해야 할까요? 아니면 생성형 AI에 맞춰 저작권을 개혁해서 다양한 주체와 다채로운 방식의 저작물을 수용하는 방향으로 가야 할까요?

한쪽에서는 생성형 AI로 저작 시장이 획일화될까 우려합니다. 하지만 오히려 기술이 발전하는 흐름을 타고 저작권 제도가 공진화한다면 다양한 사람이 더욱 손쉽게 저작에 접근할 수 있어 저작 생산성이 전반적으로 올라가고, 한발 더 나아가 순수한 인간이 창조한 저작을 더욱 높이 평가하는 시장도 출현하지 않을까요? 제도적 장치에 따라 시장은 얼마든지 차별화할 수 있습니다.

가격도 다양해지겠죠. 그렇게 되면 생산자와 사용자가 모두 후생을 높일 수 있을 것입니다.

문제라면 기존 저작권 제도에 이해관계가 깊숙이 얽힌 기득권의 저항일 텐데요, 누가 고양이 목에 방울을 달 수 있을까요?

개방형이냐, 폐쇄형이냐?

개방open이냐, 폐쇄closed냐 하는 문제는 선과 악을 가르는 일이 아닙니다. 현재 오픈AI는 폐쇄형 전략으로, 메타(지난날 페이스북)는 개방형 전략으로 분류됩니다. 구글은 제미나이와 젬마 Gemma를 내세워 양다리를 걸친 형국입니다. 100% 개방형, 100% 폐쇄형보다는 다양한 스펙트럼 속에서 얼마든지 믹스mix도 가능할 텐데요, 사실 그러는 편이 더 현실적인 전략일 것입니다.

어쨌든 AI 혁신 생태계에서 초거대·생성형 AI 파운데이션 모델이 다양해지면 기업에서 활용할 때 선택 폭이 넓어지는 측면이 있습니다. 문제는 개방형이건 폐쇄형이건 미국 빅테크가 주도한다는 점입니다. 개방이냐, 폐쇄냐 하는 문제는 어디까지나 전략일 뿐, 중요한 건 개발 주체의 다양성입니다. 독과점 상황이 굳어지면 개방이건 폐쇄건 별 의미가 없습니다.

인간의 창조성이란 무엇인가?

혁신 전략에서 강조하는 '창조성creativity'은 AI 시대를 맞아 어떻게 재해석해야 할까요? 창조성은 크게 세 가지 범주로 나눌 수 있다고 합니다(Voden, 2004). 첫 번째가 이전에 없던 결합(combinatorial creation like never before), 두 번째가 새로운 탐색(exploratory creation by expanding search space), 세 번째가 새로운 질적 개념 창조(conceptual creation by opening a new definition space)입니다.

AI는 결합과 탐색에서 인간보다 나은 성과를 보여주고 있습니다. 그러하니 인간은 새로운 개념(정의) 쪽으로, 어쩌면 새로운 창조성을 개척하기 위해 힘쓸 필요가 있습니다.

지금까지 없던 창조성이 다양해질 것으로 기대됩니다. AI를 두려워하기보다는 연구개발R&D를 포함한 창조성 영역에서 인간과 AI가 다각도로 협력하고 분업하는 것이 미래를 위해 바람직할 것입니다. 인간이 창조성을 창조하는 방향으로 나아가리라고 믿고 싶습니다.

AI 시대 리터러시

초거대·생성형 AI를 일상적으로 사용하는 시민이 얼마나 될까요? 국가마다 다르겠지만, 〈그림 5〉처럼 처음에는 놀라다가 시간이 조금씩 흐를수록 고개를 갸우뚱하고, 급기야 부정확성을 경험하고는 실망해서 그만 접어버리는 것은 아닐까요?(ML4Devs)

AI의 활용성과 한계를 정확하게 이해하고, 거기에서 생산성 **129**

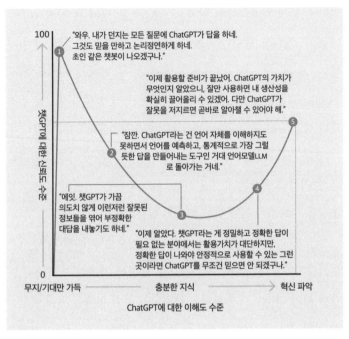

<figure>
100
챗GPT에 대한 신뢰도 수준

① "와우. 내가 던지는 모든 질문에 ChatGPT가 답을 하네.
그것도 믿을 만하고 논리정연하게 하네.
초인 같은 챗봇이 나오겠구나."

"이제 활용할 준비가 끝났어. ChatGPT의 가치가
무엇인지 알았으니, 잘만 사용하면 내 생산성을
확실히 끌어올릴 수 있겠어. 다만 ChatGPT가
잘못을 저지르면 곧바로 알아챌 수 있어야 해."

⑤

② "잠깐. ChatGPT라는 건 언어 자체를 이해하지도
못하면서 언어를 예측하고, 통계적으로 가장 그럴
듯한 답을 만들어내는 도구인 거대 언어모델LLM
로 돌아가는 거네."

④

"에잇. 챗GPT가 가끔
의도치 않게 이런저런 잘못된
정보들을 엮어 부정확한
대답을 내놓기도 하네."

③

"이제 알았다. 챗GPT라는 게 정밀하고 정확한 답이
필요 없는 분야에서는 활용가치가 대단하지만,
정확한 답이 나와야 안정적으로 사용할 수 있는 그런
곳이라면 ChatGPT를 무조건 믿으면 안 되겠구나."

0
무지/기대만 가득   충분한 지식   혁신 파악

ChatGPT에 대한 이해도 수준
</figure>

〈그림 5〉 ChatGPT의 기대와 현실

향상 단계로 나아가는 것이 저절로 되는 일은 아닐 것입니다. AI 시대 리터러시literacy가 중요한 이유입니다.

AI 리터러시는 AI 시대를 살아가는 시민의 소양이자, 역량을 키우는 바탕입니다. 리터러시와 함께 갈 때 다양성의 가치와 힘이 커지기 마련입니다. '리터러시 없는 다양성'은 디바이드(격차)로 이어질 우려가 있기 때문입니다. AI 시대 시민에게 제공하는 리터러시를 위한 교육과 훈련으로 눈을 돌려야 합니다.

'넥스트 AI' 도전과 연구 인프라

현재 초거대·생성형 AI 모델은 사실과 다름에도 그럴듯해 보이는 거짓 정보를 내놓는, 이른바 '할루시네이션hallucination' 문제를 안고 있습니다. 이를 개선하고 보완하려는 시도가 여럿 나오고 있지만, 기존 모델 구조나 학습방법을 근본적으로 혁신하려는 R&D의 도전이 거듭돼야 한다는 목소리가 큽니다.

그만큼 미국 빅테크를 겨냥한 새로운 도전이 필요합니다. R&D 다양성이 인류가 원하는 바람직한 형태로 AI가 진화하게끔 촉진할 것입니다. 그런 점에서 연구 인프라가 편중된 경향은 우려스럽습니다. 연구 인프라로 치면 미국이 절대적으로 유리한 환경입니다. 미국 바깥에서는 당장 연구에 필요한 값비싼 GPU를 확보하는 데만도 어려움을 겪는 현실이니까요.

'속도'가 중요한 변수로 작용하는 AI 시대 경쟁 환경에서 미국 이외의 국가는 절대적으로 불리할 수밖에 없습니다. AI 다양성을 생각한다면 국가가 연구 인프라를 확충하기 위해 적극 나서야 하지 않을까요? 국가가 제 역할을 하지 못한다면 곧 '실패한 국가'일 것입니다.

AGI 논쟁

일반(범용)인공지능Artificial General Intelligence, AGI에 관한 논쟁이 끊이질 않습니다. '일반General'의 정의가 아직 불분명한 요인도 있을 텐데요. 인간과 대등하거나 더 잘하는 AGI가 나온다고 해도 꼭 하나(절대자)라는 보장이 있을까요? 제대로 된 시장경제라면 여러 AGI가 서로 경쟁하는 것이 사회에 도움이 될 것입니다.

다양성 관점에서 접근하면 AGI에 대한 두려움이 사라지고 오히려 새로운 기회가 열릴 수 있습니다. 그사이 인간도 진화할 것입니다. 인간과 AGI가 함께 실현하는 새로운 차원의 분업과 더불어 '진화의 경주'를 기대해보는 건 어떨까요?

AI 시대 조직이란?

AI 시대 조직은 많은 변화를 맞이하리라 예상됩니다. 기술혁신만큼 조직혁신도 중요하다는 점을 인식한다면 혁신을 위한 조직의 다양성도 중요한 이슈가 될 만합니다.

지금껏 우리가 알지 못하던 조직이 등장할 가능성도 있습니다. 조직을 바라보는 상식이나 고정관념을 깨고 다양한 실험에 나서야 합니다. 당장 AI 시대 '연구'와 '연구자'는 어떻게 정의해야 할까요? 당연히 '연구소'라는 조직도 새롭게 규정할 필요가 있습니다.

복잡계에서는 조직을 가리켜 '생각하는 사람들의 사회'라고 합니다. AI 시대 조직은 어떻게 정의될까요?

대분기의 위험성

역사상 큰 혁명이 일 어나면 개인도, 기업도, 국가 도 대분기great divergence(양극 화)를 경험한다고 합니다. AI 시대를 어떻게 준비하느냐에 따라 개인, 기업, 국가 간 양극 화가 우려됩니다만, 만일 개 인과 기업과 국가가 '부자 아 빠, 가난한 아빠'로 나뉜다면 어떻게 될까요?(〈그림 6〉)

〈그림 6〉 도서 《부자 아빠 가난한 아빠》

양극화로 기회의 자유가 제약당하면 다양성이 위협받습니다. 그렇게 되면 계속 일어나야 할 혁신을 가로막는 요인으로 작용할 것입니다. 우리가 늘 고민해야 할 이슈입니다.

시장에 진입할 자유

기술혁신은 기술확산으로 완성됩니다. 진입 규제가 있으 면 확산은 막히기 마련입니다. '혁신 다양성'과 '혁신 주체의 다양 성'을 위해 진입할 자유를 늘려야 하는 이유입니다.

스타트업이 시장 테스트를 받기 위해 내놓는 상품이 'MVP Minimum Viable Product'입니다. 여기서 'Minimum'의 의미를 읽어

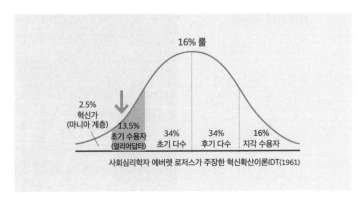

〈그림 7〉 혁신확산 곡선

야 하는데, 처음부터 'Maximum'을 요구하면 스타트업은 시장에 진입할 수 없습니다. 그래서 규제 시스템을 '포지티브positive'에서 '네거티브negative'로 전환하자는 주장의 핵심은 진입할 자유를 활성화하자는 것입니다.

미국에서 나온 혁신확산 이론 중에는 '16% 룰rule'이란 것이 있습니다. 공급에서 혁신이 일어나면 수요에서 마니아 계층(2.5%), 조기 수용자(13.5%)를 대상으로 자유롭게 시장을 테스트할 수 있도록 자유를 주자는 개념입니다. 그래야 혁신이 확산된다는 이야기입니다(〈그림 7〉 참조, Rogers, 1961).

이른바 '규제 샌드박스sand box' 놀이 정도로는 AI 시대에 경쟁에서 이길 수 없습니다. 더구나 중국은 국가 차원에서 AI 기술확산에 박차를 가하는 상황입니다.

AI 시대의 신뢰

신뢰는 선진사회의 핵심적인 사회적 자본입니다. 신뢰가 부족한 국가에서는 다양성을 기대하기 어렵습니다. 혁신이 다양성에서 나온다고 보면 혁신도 기대하기 어려울 것입니다. AI 시대에도 신뢰 문제를 논의해야 합니다.

돌연변이가 출현하는 원천인 '다양성', 혁신을 '실패의 함수 a function of failures'로 인식하는 '관용성tolerance', 새로운 기회, 경쟁과 협력의 창인 '개방성openness'은 서로 밀접하게 얽혀 있습니다. 이 모든 것의 기반이 바로 '신뢰 문화'입니다.

AI 성능이냐, 비용이냐?

진화는 성능이라는 한 방향으로만 나아가지 않습니다. 반드시 비용 쪽에서도 성능을 뒷받침할 변화가 일어나야 합니다. 성능과 비용 사이에서 형성되는 벡터가 진화의 방향이 될 것입니다. AI 성능을 위한 경쟁이 뜨겁지만, 비용 측면에서도 혁신을 다뤄야 할 이유입니다.

비용은 AI 다양성 관점에서도 중요합니다. 당장 초거대·생성형 AI가 널리 확산하려면 수용할 수 있는 전기요금 같은 에너지 비용 문제가 해결돼야 합니다. 그래서 AI 반도체 등이 부상하는 것입니다. 만약 재생에너지 기반이나 탄소 중립 AI로 가야 한다면 이 또한 해결해야 할 큰 과제입니다. 에너지 문제는 다양성 관점에서도 중요한 이슈이기 때문입니다.

로컬이냐, 글로벌이냐?

AI 시대가 로컬도 존중하면서 글로벌화를 촉진할 수 있다면 모두에게 이로울 것입니다. 다양성 관점에서 '로컬을 위한 글로벌' '글로벌을 위한 로컬'을 고민할 필요가 있는데, 이것이 바로 모두를 위한 AI 혁신 전략입니다.

AI 시대 콘텐츠 산업이 크게 부상할 것이라는 전망도 같은 맥락에서 보면 설득력이 있습니다.

미국과 중국에 주눅 들 이유가 없다

미국과 중국의 충돌은 AI 다양성 관점에서 기회로 다가올 수 있습니다. 다극화 공간을 열어준다는 점에서 그렇습니다. 게다가 미국과 중국이 세계를 양분하는 것도 아니니까요. 두 강대국에 주눅 들 이유가 없습니다. 인구건 일상 언어건 경제(GDP)건 미국과 중국을 합친 정도보다 그 밖의 지역이 더 많거나 큽니다. 앞으로 그 격차는 더욱 벌어질 테고 말입니다.

예를 들어볼까요? 세계 GDP는 100조 달러 규모라고 하는데 그중 미국이 25조 달러, 중국은 18조 달러 안팎이니 전체의 절반에도 못 미치는 수준입니다. 세계 인구는 80억 명인데 중국이 14억 명, 미국은 3억 3000만 명 정도입니다. 미국과 중국이 아닌 지역에 사는 인구가 훨씬 많죠. 언어도 마찬가지입니다. 일상에서 영어를 사용하는 인구가 14억 명가량 된다고 하는데 중국어 사용 인구도 14억 명쯤이라고 치면, 지구에 사는 훨씬 많은 인구가 일상적으로 다른 언어를 사용한다는 뜻입니다. AI가 언어장벽을 무너트리고 있다고는 하지만, 언어가 문화를 반영한다면 간단하게 생각하고 넘길 문제가 아닙니다. AI 다양성이 지니는 의미가 여기에 있기 때문입니다.

한국이 다양성 기반 AI로 간다면 새로운 시장을 개척할 수 있습니다. 당장 다채로운 지식과 문화가 만나면 콘텐츠 산업이 폭발적으로 성장하리라 예상됩니다. 한국이 이 분야 산업을 선도하면 좋겠습니다.

기술 전쟁인가, 자본 전쟁인가?

세계 유니콘은 미국(전체 1/2)과 중국(전체 1/4)이 주도하는 실정입니다. 그 요인을 분석하면 기술의 힘은 물론 자본의 힘도 크게 작용합니다. 기술 격차를 넘어 자본 격차가 글로벌 AI 판도를 바꾸고 있다는 분석이 나오는 이유입니다.

자본이 있어야 우수한 인재가 모이고, 인재가 뭉치면 혁신이 일어난다는 것이 AI 시대의 경쟁 공식입니다. 한국이 미국과 중국 틈바구니에서 다양성 공간을 개척하려면 혁신에 투자할 수 있는 벤처캐피털VC, 기업주도형 벤처캐피털CVC 등 이른바 강한 모험자본으로 눈을 돌려서, 그 자본으로 우수한 인재를 끌어모아야 합니다.

자유민주주의와 시장경제, 그리고 AI

지금까지 AI 다양성 관점에서 혁신 전략 이슈들을 살펴봤습니다. 앞으로 검증해야 할 가설적 추론abduction이기도 합니다. 마지막 결론은 이렇게 맺고 싶습니다.

자유민주주의와 시장경제는 AI의 눈부신 진화를 가져온 제도적 일등 공신입니다. 다양성은 자유민주주의와 시장경제의 바탕에서 가능합니다. 자율성과 창의성도 마찬가지입니다. 하지만 AI가 자유민주주의와 시장경제를 위협할지 모른다는 우려도 나옵니다. 〈그림 8〉의 세 가지 이미지, 즉 ChatGPT가 온갖 가짜 정치 뉴스를 양산해 민주주의를 위협할지 모른다는 내용의 〈뉴욕타임스〉 헤드라인, 민주주의가 그 부작용 때문에 오래가지 못하고 자살할 것이라고 경고한 미국 2대 대통령 존 애덤스의 발언, 그리고 마셀 다네시의 저서 《거짓말의 기술》 표지를 연결해 상상하면 그럴 만도 합니다.

그러나 이런 우려는 AI가 악용될 수 있다는 점이 전제로 작용

OPINION
GUEST ESSAY

How ChatGPT Hijacks Democracy

Jan. 15, 2023

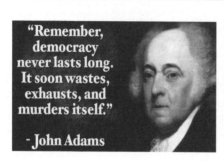

〈그림 8〉 AI의 민주주의 위협 우려를 보여주는 예시

한 결과입니다. 역으로 자유민주주의와 시장경제를 잘 지켜나간 다면 AI가 악용되는 사태를 막을 수 있을 것입니다.

영국 미디어 회사 토르토이스tortoise가 2024년 9월 공개한 주요국 AI 경쟁력 순위에서 한국은 6위를 기록했다고 합니다.

다양성을 위한 AI, AI를 위한 다양성 같은 AI 다양성 관점에서 평가하면 국가 랭킹이 어떻게 바뀔까요? AI 다양성 관점에서 혁신 전략을 제기한 이유입니다.

139

	전체순위	인재	인프라	운영환경	연구	개발	정부전략	상업화투자	규모기준	집중도기준
미국	1	1	1	2	1	1	2	1	1	3
중국	2	9	2	21	2	2	5	2	2	23
싱가포르	3	6	3	48	3	5	10	4	11	1
영국	4	4	17	4	4	16	7	5	3	9
프랑스	5	10	14	19	6	4	9	8	6	10
대한민국	6	13	6	35	13	3	4	12	7	11
독일	7	3	13	8	8	11	8	9	5	15
캐나다	8	8	18	16	9	10	3	6	8	8
이스라엘	9	7	26	65	7	6	32	3	14	2
인도	10	2	68	3	14	13	11	13	4	36
일본	11	23	5	53	20	14	12	14	9	31
스위스	12	5	11	58	5	19	64	20	29	4
네덜란드	13	11	7	29	15	17	19	23	13	12
사우디아라비아	14	60	29	41	42	26	1	7	10	24
핀란드	15	14	12	9	18	12	25	15	18	6
홍콩	16	21	8	40	10	18	59	11	20	7
호주	17	17	39	13	11	7	42	21	15	18
스페인	18	18	19	17	26	21	6	32	12	25
룩셈부르크	19	12	10	23	16	24	33	26	32	5
아랍에미리트	20	48	16	47	12	9	23	17	21	13

〈그림 9〉 토르토이스의 AI 경쟁력 평가

앞에서 이야기한 혁신전략을 바탕으로 한국이 AI 다양성으로 인류에 기여하는 국가로 올라서기를 기대해봅니다.

지속 가능한
AI 다양성을 위한
체크리스트

: PC, 과다양성,
감정 획일화

5

강정한 _ 연세대학교 사회학과 교수

무엇보다도 진정성 있는 데이터가
공감 폭을 넓히면 다양한 정체성을
겨냥한 편견이나 혐오가 담긴 데이터가
차츰 줄어들 테고, 생성형 AI가 학습하는
자료도 양질의 데이터가 되어 자연스럽게
다양성을 구현할 가능성이 높아질
것입니다.

AI와 환경문제의 유사성

ChatGPT 같은 생성형 AI가 빠른 속도로 사회에서 영향력을 확장하고 있습니다. 그에 발맞춰 어떻게 하면 사회에 바람직한 AI를 정착시킬 수 있을까 하는 규범적 논의도 늘어났습니다. 다시 말해 AI를 둘러싼 논의는 이제 과학기술 차원을 넘어 제도적·윤리적 차원으로까지 뻗어가고 있습니다. 저는 이런 논의를 거쳐 우리가 정착시켜야 할 AI의 성격을 '지속 가능성'이라고 부르고 싶습니다. 마치 환경을 해치지 않는 수준에서 추구하는 경제 발전을 '지속 가능한 경제'라고 표현하는 것과 마찬가지 의미로 말입니다. 그렇다면 무분별한 경제 발전이 환경을 위협하듯 사회적으로 무분별하게 AI를 활용해도 무언가 중요한 것을 파괴할까요? 그렇습니다. 우선, 환경을 훼손할 위험이 높습니다. 대규

143

모 테크 기업들에서 운영하는 데이터센터가 연산과 냉각을 위해 사용하는 전기의 양이나 배출하는 탄소의 양이 많다는 점은 꾸준히 지적돼온 사실입니다. 게다가 생성형 AI가 도래하면서 이런 문제는 더욱 심각해질 수 있는데요, ChatGPT와 한 번 대화하는 데 약 500ml가량 냉각수를 증발시킨다는 연구 결과도 있습니다(정병일, 2023.04.13). 이제 탄소발자국뿐만 아니라 물발자국도 따로 신경 써야 할 판국입니다.

하지만 이번 장에서 다루려고 하는 파괴는 그런 환경문제는 아닙니다. 좀 더 근본적인 윤리성과 인간성에 관한 측면입니다. 윤리적으로 AI를 구현하려면 우선시해야 하는 일들이 있습니다. AI가 인간의 편견을 학습해 사회적으로 편향되거나 혐오스러운 발언을 하지 않도록 예방하는 일입니다. 하지만 그런다고 인간성이 파괴되는 문제를 막을 수 있을까요? 여기에 또다시 환경문제와 유사한 점이 있다고 생각합니다. 환경문제는 무척 복잡합니다. 한 가지 원인으로 환원해서 문제를 파악하고 해법을 도출해낼 수 없습니다. 우리는 우리나라의 미세먼지 문제를 마주하며 그런 복잡성을 체험하고 있죠. 이번 장에서 저는 진정한 의미에서 윤리적으로 AI를 구현하는 일이 매우 복잡할 수 있다는 점을 이야기해보려고 합니다. 이런 논의를 주고받으면서 AI가 이미 몰고 온 문제를 향한 경각심도 높이고, 미래에 불러올 다양한 쟁점을 미리 대비해보고자 합니다.

AI와 환경문제 사이에는 중요한 유사성이 또 있습니다. 앞서 지적한 사안의 복잡성에서 나오는 문제인데, 바로 한 나라의 노력만으로는 해결하기 어렵다는 점입니다. 환경문제와 AI는 모두 이른바 지구적 단위의 거버넌스global governance를 구축해서 해결해야 할 과제입니다. 우리는 이미 구글, X(지난날 트위터), 메타, 오픈AI와 같은 외국 회사에 우리 정보를 직접 넘겨주고 있기도 하고, 대규모 언어모형을 사용하는 생성형 AI는 전 지구에 걸친 데이터를 학습하며 서비스를 내놓고 있습니다. 그래서 데이터를 수집, 유통하고 이 서비스를 이용하는 일은 한 국가에서 통제할 수 있는 수준을 훌쩍 벗어납니다. 그러나 이런 문제, 즉 AI를 윤리적으로 관리할 글로벌 거버넌스를 어떻게 구현할 수 있을까 하는 문제는 이번 장에서 다루지 않겠습니다. AI의 다양성이라는 이 책의 주제를 벗어나기도 하고, 제가 거론하기에는 능력이 부족하기도 합니다. 다만 현재 전 세계적으로 제도를 구축하고 평가하는 노력들이 활발하다는 정도로만 말씀드리겠습니다.

AI 다양성의 필요조건: AI 과학자의 다양성

AI가 다양성을 갖추는 일이 왜 복잡한 문제인지 알아보기 전에, 우선 짚고 넘어가야 할 점이 있습니다. 이 사안의 복잡성을 살피는 작업은 AI가 다양성을 갖추기 위한 필요조건, 곧 AI를 연구하는 과학자가 다양해진 다음에 거론할 문제입니다. 만일 AI 과학자의 사회적 정체성이 다양하지 못하면, 과학자 본인의 정체성이 아닌 다른 정체성의 시각에서 AI가 어떤 편견을 드러낼 수 있는지 조사하거나 발견하기가 힘듭니다. 물론 모든 사회적 정체성을 AI 과학자 공동체에 반영하기는 어렵겠죠. 하지만 과학자의 다양성이 증가하면 과학자에게 타인의 관점이나 체험에 주의를 기울일 기회가 늘어나고, 더불어 다양한 사회적 정체성을 포착하도록 AI를 설계할 동기가 생겨날 것입니다.

과학자의 다양성을 성별 차원에서 한번 생각해보겠습니다. 최근 여성 학자 비율이 세계적으로 꾸준히 증가하는 추세입니다. 그런데 2020년 초반에 시작된 코로나19 때문에 부모와 자녀가 일터와 학교에 가지 못하고 모두 집 안에서 일하고 공부하고 함께 놀아야 하는 상황이 벌어졌습니다. 양쪽 부모가 다 과학자라면 이런 상황은 엄마 과학자와 아빠 과학자 중 누구의 연구를 더 방해할까요?

〈그림 1〉은 실제로 누구에게 더 불리했는지 추론해볼 수 있는 연구 결과를 정리해서 보여줍니다(Kwon et al., 2023). 전 세계 모든 학술지에 실린 논문의 여성 저자 비율이 변화한 경향을 코로나19 발생 이전(초록색)과 이후(검정색)로 나누었는데요. 우선 왼쪽

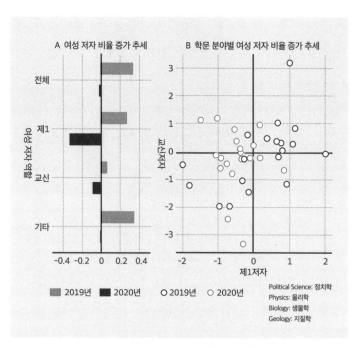

<그림 1> 코로나19 기간 이전과 이후 여성 저자 비율

그림 A의 막대 그래프를 보면 초록색 막대는 오른쪽, 즉 양수 쪽으로 뻗어가는 반면, 검정색 막대는 왼쪽, 즉 음수 쪽으로 향하고 있습니다. 이는 코로나 이전에는 여성 저자가 늘어나다가 코로나 이후 1년간 줄어드는 추세로 바뀐 것을 뜻합니다.

두 가지 색깔의 막대 네 개는 위에서부터 전체 저자, 제1저자, 교신 저자, 기타 공저자를 가리킵니다. 제1저자의 검정색 막대를 보면 특히 왼쪽으로 길게 뻗어(-0.33) 있는데요, 그만큼 코로나

147

19 사태 이후 여성 제1저자 비율이 가장 많은 감소세로 돌아섰다는 뜻입니다. 학술 논문 공저에서 제1저자는 보통 가장 많은 시간과 에너지를 들여 해당 논문을 이끌어가는 역할을 합니다. 결국 코로나19 사태가 여성 과학자들이 주도해가는 연구 여건을 악화시켰다는 사실을 보여줍니다. 코로나 이후에 여성 과학자가 겪은 어려움은 논문 자체에서 배제되기보다는 참여 역할이 주변화되는 형태로 나타난다는 점도 알 수 있습니다.

그렇다면 논문을 많이 생산하는 일부 학문 분야에서 여성 제1저자 비율이 유독 감소해서 이런 결과가 나온 것은 아닐까요? 그럴 가능성을 알아보기 위해 18개 학문 분야별로 나누어봤습니다. 〈그림 1〉의 오른쪽 그림 B의 산점도서는 18가지 분야를 코로나 이전(검정색 원)과 이후(초록색 원)로 나누어 제1저자(가로축)와 교신 저자(세로축)로 구성된 2차원 공간에 산점도를 배치했습니다. 우선 세로축을 보면 검정색과 초록색이 모두 비교적 위아래로 골고루 분포합니다. 물론 초록색이 좀 더 아래에 포진하는 경향이 있는데, 이는 코로나 이후에 여성 교신 저자 비율이 감소세로 돌아선 분야가 있다는 뜻입니다. 이런 현상을 그림 A에서 찾아보면 교신 저자 막대가 -0.09 수치를 보이는 것으로 나타납니다.

세로축과는 달리 가로축에서는 검정색과 초록색의 분포에 큰 차이가 납니다. 검정색은 비교적 좌우 균형이 알맞은 분포를 보이는데, 초록색은 왼쪽으로 치우쳐서 일부 분야(지질학, 정치학, 생물학)를 제외하면 코로나 이후에 여성 제1저자 비율이 감소세로 돌아선 것을 알 수 있습니다. 즉, 공저 논문에서 여성 연구자의 역할이 주변화된 것은 대다수 학문 분야에서 공통으로 일어난 현상입니다.

이 연구에서 국가별 특성도 결합해 추가 분석을 실시했는데, 그 결과 전문 직종에서 성불평등이 심각한 국가일수록 코로나가 맹렬해 사망자가 많거나 일터 이동이 제한됐고, 주거지역에 많이 머문 국가일수록 여성 제1저자 비율이 대거 줄어들었습니다. 따라서 우리는 코로나로 돌봄 위기를 겪을 가능성이 큰 국가에서 여성 과학자의 역할이 주변화될 위험도 높아진다고 추론해볼 수 있습니다. 이를 뒤집어보면, 평소 전문직 여성 비율이 높고 일과 가정의 양립이 제도로 자리를 잡으면 코로나19 같은 돌봄 위기가 닥쳐도 과학 활동의 젠더 다양성을 지킬 수 있을 것입니다.

그렇다면 AI 분야에서 과학자 사회는 얼마나 다양성을 확보하고 있을까요? 이와 관련된 체계적인 분석 결과보다는 주목할 만한 과학자 두 분을 언급하는 것으로 AI 과학자의 다양성을 응원하고자 합니다. 우선 워싱턴대학 최예진 교수는 윤리적 AI 연구의 최전선을 이끄는 분으로, 도덕적 이야기moral stories라는 가치들을 AI가 학습하게 하는 방법을 개선하고 있습니다(Emelin et al., 2020). 천재들의 상으로 불리는 '맥아더 펠로십'을 최근 수상해 화제가 되기도 했고(박찬, 2022.10.13), 빌 게이츠와 1대1 대담도 나누는 등(임지선, 2024.02.20) 윤리적 AI를 구축하기 위한 행보를 넓히고 계십니다.

또 한 분은 뉴욕대학 조경현 교수입니다. AI 분야를 세계적으로 선도하는 분인데, 전산학 분야의 다양성을 높이기 위해 삼성 호암상을 수상하며 받은 상금을 어머니 이름으로 모교에 쾌척해 여성 과학자를 양성하는 일에도 적극적입니다(이유진, 2021.06.30). 과학자의 다양성이 과학 발전에 이바지하리라는 믿음이 깊고 생활방식도 소박하시죠. 이런 분들의 활약이 인종과 젠더 측면에서 AI 과학자의 다양성을 높이고, AI 설계에 그런 다양성이 반영될 수 있도록 기여할 것입니다.

첫 번째 체크 항목: PC

지금까지는 AI가 다양성을 확보하려면 다채로운 정체성을 지닌 과학자들이 AI를 연구, 설계, 평가해야 한다는 이야기를 했습니다. 이는 AI의 다양성을 위한 가장 기본적인 전제조건입니다. 그럼 이제 이런 전제 아래 다음 단계, 곧 디지털 세계에서 다양성을 넓히면 어떻게 될까 하는 문제를 다소 비판적으로 평가해 보려고 합니다. 다시 말해, AI의 다양성이 지속 가능하려면 우리가 무엇을 준비하거나 개선해야 하는지 살펴보고자 합니다.

미디어 학자 클레이 셔키Clay Shirky가 2008년 '끌리고 쏠리고 들끓다'라는 제목으로 한국에도 번역된 책을 써서 세계적으로 큰 주목을 받았습니다. 이 책 원제는 'Here Comes Everybody'인데요, Web 2.0 이전 대중문화 사회에서는 전혀 눈길을 끌지 못하던 다양한 취향과 목적을 지닌 행위자들이 디지털 공간에서 자신과 비슷한 사람들을 발견하고 함께 활동하며 성취감도 얻는 역동적인 디지털 공간을 묘사합니다.

사회학자 마누엘 카스텔Manuel Castells은 유명한 디지털 시대 3부작을 집필했는데, 그중 두 번째 책이 《정체성 권력》입니다. 여기서 정체성은 전통적인 계급이나 국가가 아닌 대안 권력을 형성하는 정체성을 가리키는데, 그 예로 성 정체성, 인종 정체성 그리고 환경과 종교 같은 쟁점을 대하는 특정 관점 등을 꼽습니다. 이런 변화를 들어 디지털 공간에서 정체성이 다양해지는 현상이 긍정적인지 부정적인지 단정하기는 어렵습니다.

이제 카스텔의 통찰을 곁들여 셔키의 책을 다시 이해해보면 두 가지 의미가 혼재돼 있습니다. 디지털 세계에서 일어난 폭발적 다양성은 개인을 원자화시켰다기보다는 사회적 정체성을 다양화시키고 동시에 강화시켰습니다. 즉, 디지털 시대는 다양한 사회적 정체성을 가시화하고 폭발시켰습니다. 그렇다면 이런 뜻의 다양성 폭발을 진정한 의미의 다양성 구현이라 할 수 있을까요? 또는 긍정적으로 평가할 만한 다양성 실현일까요?

151

아쉽지만 현실은 그렇지 않습니다. 다양성 폭발이 가져온 사회를 가장 잘 수식해주는 표현은 아마도 옥스퍼드 사전이 2016년 올해의 단어로 선정한 '탈진실post-truth'이라는 형용사일 것입니다. 다양한 정체성이 디지털 공간에서 작동하는 내집단 반향 효과echo chamber에 따라 각자의 진실 속에 갇혀 살게 됐고, 그럴수록 다양성은 다른 집단을 향한 관용보다는 배제와 혐오로 이어졌습니다. 이를 디지털 부족주의digital tribalism라고도 하는데, 수많은 디지털 부족이 부족 내 스마트폰이 보여주는 세상을 근거로 삼아 서로 갈등을 증폭시키는 상황입니다(Grant, 2020). 이런 부족주의는 선거철이 되면 정치적 대중주의populism를 등에 업고 시민들 간의 갈등을 부추깁니다. 결국 다양성이 발현되는 정도만으로는 진정한 다양성을 구현할 수 없고, 도리어 세계적인 부작용에 시달립니다.

'PC'라는 단어를 아시나요? 지금 논의하는 맥락을 고려해본다면 이 PC가 개인용 컴퓨터personal computer가 아닌 정치적 올바름 political correctness을 뜻한다고 유추할 수 있을 것입니다. 예전에는 정치적 올바름이라고 하면 소수자 정체성을 두고 우리가 당연히 지켜야 할 태도를 가리켰습니다. 여전히 겉으로는 이 PC가 좋은 뜻으로 사용되지만, 수많은 소수자 정체성이 등장하면서 이 모두를 인정하고 포용하는 일 자체에 피로감이 쌓이다 보니 점차 PC가 부정적인 의미로 통용되고 있습니다. 더구나 다양한 정체성이 폭발하면서 적어도 한 가지 측면에서는 소수자, 즉 세상을 살아가면서 피해를 본다거나 억울한 처지라고 느끼는 사람이 늘어가는 통에 다른 수많은 소수자 정체성을 포용할 여유가 없는 거죠. 이제는 '정치적 올바름'이라고 신중하게 또박또박 발음하지 않고 PC라고 짧게 내뱉는 용어가 됐습니다. '페미니즘'을 부정적으로 언급할 때 '페미'라고 줄여 부르는 세태와 결이 같다고 할 수 있습니다.

지금은 쓰지 않는 표현이 됐습니다만, 인터넷이 발전하던 시기에 우리는 인터넷을 '정보의 바다'라고 불렀습니다. 무한한 정보를 탐험할 수 있는 곳이었기 때문인데, 사실 좀 훑어보니 그저 망망대해였습니다. 무한한 정보는 우리의 인지에 과부하를 일으켰고, 결국 우리는 어디를 탐험해야 하는지 알려주는 항해도, 곧 검색엔진을 발전시켰습니다. 그리고 이런 항해도를 따라 우리는 주로 가는 곳에만 들르면서 다른 사용자들과 모이고 육지와 국경을 만들기 시작했습니다. 그렇게 점차 인터넷은 바다에서 대륙이 되어갔습니다.

소셜미디어 시대의 디지털 세상은 정체성의 바다입니다. 여기서 우리는 정말 다양한 사람을 만나고 소통하며 내가 지니지 못한 정체성을 간접 체험할 수 있습니다. 하지만 그런 바다는 어느새 우리의 윤리적 감수성에 과부하를 일으키고, 우리는 그런 과부하를 줄여줄 추천 엔진을 따라 나에게 알맞은 부족의 세계관에

안착합니다. 하나의 국경 안에서도 부족이 다르면 이제 호기심의 대상이 아니라 적대적인 외집단이 되고 맙니다. AI가 다양한 정체성을 반영하고 우리에게 소개한다고 해서, 우리가 진정한 의미의 다원주의로 향하고 있다고 자신 있게 말할 수는 없는 상황인 것입니다.

그렇다면 어떻게 이 부족주의를 극복할 수 있을까요? AI가 어떤 방식으로 다양성을 우리에게 보여줄 때 우리의 윤리적 감수성을 소진하지 않고 고양할 수 있을까요? 앞으로 이 질문을 위한 답을 하나씩 살펴보려 합니다만, 그전에 먼저 다른 정체성을 성의 있게 호명하자고 제안하고 싶습니다. 내가 타인을 어떻게 부르느냐는 내가 타인을 어떻게 평가하느냐에 영향을 끼칩니다. 'PC' 대신 '정치적 올바름', '페미' 대신 '페미니즘'이라는 용어를 쓸 때, 그 표현이 가리키는 대상을 쉽사리 재단하고 평가하지 않겠다는 마음가짐도 더 커질 것입니다. 또한 검색엔진이 추천하는 정보 중에서 성의 있는 호명이 담긴 콘텐츠를 선택한다면 다른 정체성과 관련된 더욱 진정성 있는 내용을 만날 수 있을 것입니다. 이처럼 호명하는 방식과 정보를 선택하는 행태가 바뀌어 쌓이다 보면 이를 학습한 AI의 추천 결과도 어느새 달라질 것입니다. 그에 발맞춰 지금의 디지털 세상에 그어진 국경과 부족 간 경계가 어떻게 변화해갈지 기대됩니다.

두 번째 체크 항목: 과다양성

생성형 AI는 다양성을 어떻게 실현하고 있을까요? 우선, 생성형 AI를 선보이는 회사나 기관은 다양성을 포함한 윤리 준수에 무척 관심이 많고 노력한다는 점을 이야기하고 싶습니다. 생성하는 텍스트나 이미지가 특정 집단을 겨냥한 편견을 드러내거나 도덕적으로 옳지 않은 일이 발생하면 사회에서 큰 논란을 빚고 궁극에는 사용자를 잃을 수도 있기 때문입니다. 하지만 AI 다양성을 높이려는 노력에는 몇 가지 문제점이 있습니다. 가장 직접적이고 관찰하기 쉬운 지점부터 살펴보겠습니다.

우선, AI를 윤리적으로 만드는 과정 자체가 실질적 다양성을 해치거나 사회적 소수자의 희생 위에서 진행될 위험이 있습니다. ChatGPT가 생성하는 텍스트를 윤리적으로 품질 높게 만들기 위해 오픈 AI가 케냐의 저임금 하청 노동자를 대규모로 고용한 일이 보도된 적이 있습니다(Perrigo, 2023.01.18). 이 노동자들은 이른바 데이터라벨러labeler라고 해서, 폭력적이고 선정적인 내용물을 끊임없이 보며 판별하는 작업을 했습니다. 그런데 많은 노동자가 트라우마를 겪은 것으로 보여, 결국 하청 업체가 계획보다 여덟 달이나 일찍 라벨링 작업을 마무리했습니다.

AI를 지도학습하려면 인간이 판별한 정답지가 필요합니다. 이런 정답지를 토대로 지도학습을 제대로 끝내면, 이후에는 인간의

155

도움 없이도 AI가 자동으로 판별합니다. 윤리적 판단을 위한 학습도 마찬가지입니다. 그런데 문제는 이때 정답지를 만들기 위해 판별해야 하는 대상 중에 매우 비윤리적이고 잔인한 범죄에 해당하는 내용이 많다는 점입니다. 게다가 윤리적 학습은 보통 인지적 학습보다 어려워서 끊임없이 인간의 판별이 필요할 수 있다는 점에서 더욱 문제의 소지가 높습니다. 그렇다면 이런 고통스러운 라벨러 작업은 결국 어떤 사람들이 하게 될까요? 이른바 후진국, 유색인종, 저소득층 등의 정체성을 지닌 사람들이겠죠. 인간이 디지털 세상에 쏟아낸 온갖 쓰레기를 분리수거하는 일이 소수 정체성의 몫이 돼버린다면, 그런 쓰레기를 분리해낸 후 작동하는 AI가 다양성을 존중한다고 말하기는 어려울 것입니다.

AI가 다양성을 실현하는 일이 복잡한 이유는 정치적 올바름이 지나친 신중함으로 변질되는 까닭과 같습니다. 말하자면 AI가 다양성을 존중하는 방식이 진정한 올바름으로 가기보다는 민감한 문제에 침묵하는 형태로 나타난다는 뜻입니다. 일부 학자들이 2023년 3월에서 6월 사이 석 달 동안 ChatGPT가 답변을 생성하는 방식이 어떻게 달라졌는지, 다양한 과제를 요청하며 관찰했습니다(Chen et al., 2023). 그랬더니, 불과 석 달만에 GPT-4는 민감한 질문뿐만 아니라 사회조사 질문 자체에도 대답하기를 더욱 꺼렸습니다. 혐오발언을 자제하고 지나치게 민감한 문제에 답변하지 않는 반응은 바람직하겠으나, 평범한 사회조사에도 응대하지 않는다면 진정한 의미의 챗봇이라 하기 어렵습니다. 이렇듯 지나치게 조심하는 AI는 분명 여느 인간과 다른 반응을 보이는 존재이며, 튜링 테스트를 통과하기도 어려울 것입니다. 진정한 AI가 인간을 닮은 존재라고 가정할 때, 일반 시민이 대꾸할 만한 사회조사 질문에도 답변하지 않는다면 이런 AI가 과연 우리가 궁극적으로 원하는 인공지능일까요?

이와는 반대로 생성형 AI가 좀처럼 소극적으로만 굴지 않고 다양한 정체성을 적극 구현한다면 어떨까요? 여기에 세 번째 문제, 가장 풀기 어려운 난관이 있습니다. 바로 과다양성이 AI의 근본적 성능을 떨어트릴 위험이 크다는 점입니다. 2024년 초에 구글은 ChatGPT보다 성능이 좋다는 제미나이를 대중에게 선보입니다. 특히 음성이나 이미지 생성에도 장점을 보인다고 홍보했습니다만, 내놓은 지 한두 달 만에 이미지 생성 서비스를 중단합니다. 〈그림 2〉와 같은 이미지를 생성했기 때문입니다.

보시다시피 이미지의 현실성이 심각하게 떨어집니다. 과학자를 그려달라는 요청에 천편일률적으로 백인 중년 남성 그림만 생성한다면 그것도 사회적 편견을 재생산하는 행태지만, 그렇다고 제2차 세계대전 당시 독일군을 여성이나 흑인으로 묘사한다든지 역사적으로 몇 명 되지도 않는 교황을 유색인종 여성으로 표현하다 보니 AI의 기본 덕목인 예측 정확성이 떨어진다는 평가를 받는 거죠.

〈그림 2〉 구글 제미나이가 생성한 교황 이미지와 제2차 세계대전 당시 독일군 이미지

AI에게 규모가 작은 훈련용 데이터를 지나치게 학습시키면 이른바 과적합이 일어난다고 합니다. 해당 데이터 안에서는 유난히 정확하게 예측하지만, 거기서 벗어난 데이터에 관해서는 오히려 예측 성능이 떨어지는 문제입니다. 만일 제미나이에게 사회적 편견을 생산하지 않고 다양성을 반영하도록 학습시켰다면, 제미나이가 세상에 선보인 뒤로 이전에는 겪어보지 못한 프롬프트 요청을 받고 생성한 이미지가 과적합 현상을 보였을 가능성이 있습니다. 이런 윤리적 과적합을 '과다양성'이라 부를 수 있지 않을까요? AI의 일차 덕목은 예측 정확성입니다. 이 기본 성능을 떨어트린다면 결국 서비스 자체를 중단해야 하는 사태까지 갑니다. 과다양성과 성능의 상충관계를 앞으로 어떻게 극복할 것인가가 중요한 과제입니다.

세 번째 체크 항목: 감정 획일화

우리는 이번 장에서 AI 시대의 다양성을 지속 가능하게 구현하기 위해 고려해야 할 점을 짚어보고 있습니다. 첫 번째로는 소셜미디어가 발달하면서 폭발한 다양성을 마주하며 쌓인 피로감, 우리가 이미 겪고 있는 PC 문제를 살펴봤습니다. 두 번째로는 생성형 AI의 도래와 함께 문제가 되기 시작한 다양성 과적합

159

의 딜레마를 알아봤습니다. 이제 마지막으로 아직 다가오진 않았지만, AI가 윤리적으로 우리 사회에 잘 정착했을 때 겪을 수 있는 문제를 들여다보고자 합니다.

2016년 3월 15일, 알파고가 이세돌과 바둑 대결을 벌이고 이겼을 때를 기억하십니까? 그때 바둑이 쇠락할 것이라는 예측도 있었으나 알파고 등장 이후 그랬다는 증거는 없습니다. 오히려 가장 충격에 빠졌을 한국 프로기사들이 AI가 두는 수를 열심히 연구해서 일본과 중국 바둑계를 압도하고 있다는 의견도 있습니다(김두얼, 2023.6.13). 그렇다면 바둑 수를 놓고 봤을 때 세계적으로도 인간이 AI를 닮아가고 있을까요? 〈그림 3〉을 보겠습니다 (Brinkmann et al., 2016). 세로축은 인간의 수가 얼마나 승률에 기여하는지를 알고리즘이 계산한 수치입니다. 알파고가 이세돌을 이

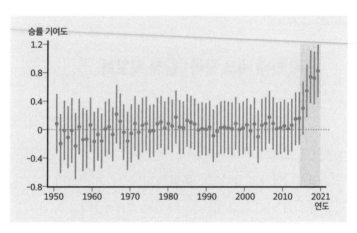

<그림 3〉 알고리즘으로 판단한 인간 바둑 수의 질

긴 해인 2016년 이후 이 값이 치솟는 것을 볼 수 있습니다. 방대한 데이터를 분석한 결과, 적어도 바둑을 두는 기풍에서는 인간이 굉장히 인공지능스럽게 바둑을 두는 시대가 됐습니다.

이처럼 기계와 인공지능이 우리 삶에 깊숙이 들어오면 우리 문화 자체가 변화할 수 있습니다. 이런 변화를 "기계 문화(machine culture; Brinkmann et al., 2016)"라고 하는데, 이 기계 문화 시대에 AI는 우리의 마음과 행동을 비춰보는 거울을 뛰어넘어 그것들을 형성하는 엔진으로 작용한다고 볼 수 있습니다. 그렇다면 바둑을 넘어 어떤 문화 측면에서 기계 문화가 형성되고 있을까요? 아직은 알기 어렵습니다. 하지만 SF 콘텐츠 속에서 그 미래를 한번 들여다볼 수는 있습니다.

〈그림 4〉는 SF영화 〈애프터 양〉의 포스터입니다. 영화에는 백인 남성인 남편과 흑인 여성인 아내가 등장합니다. 이 부부는 아시아 출신 여자아이를 입양해 키우는데, 이 아이를 돌보는 로봇의 모습이 젊은 아시아인 남성입니다. 부모가 아이에게 자신의 뿌리를 알게 해주려고 같은 인종의 모습을 한 로봇을 임대한 것입니다. '양'이라는 이 로봇은 가족사진도 함께 찍으면서 한 가족이 되어 살아갑니다. 포스터만 봐도 사회적 정체성이 극대화된 가족이죠. 심지어 비인간도 인간 사이에 섞여 있습니다.

영화의 주요 내용은 스포일러가 될 수 있으니 언급하지 않겠습니다. 다만 이 영화의 큰 특징은 등장인물들이 화를 내지 않는

다는 점입니다. 아니, 마음속
에 불만이 있어도 화를 낼 줄
모르는 것처럼 보입니다. 우
선 로봇인 양은 충분히 그럴
만한데도 화를 낼 줄 모릅니
다. 돌봄 윤리가 극대화된 형
태로 이식된 양은 부정적이거
나 비윤리적인 감정도 표출하
지 못할뿐더러, 함부로 사랑
이나 흥분도 느끼지 못하도
록 설계된 듯이 보입니다. 여

〈그림 4〉 영화 〈애프터 양〉 포스터

느 SF영화라면 로봇에게 인간다운 자의식이 생겨나 로봇이 분노
를 폭발할 수도 있으련만, 양은 그럴 줄 모릅니다. 이런 식으로 감
정을 표현하는 양이, 자극적인 SF영화에 등장하는 로봇보다 훨씬
현실적인 인공지능의 모습일 것입니다.

　이 영화에서 더욱 흥미로운 점은 이런 로봇의 감정이 아니라
그런 로봇과 어울려 살아가는 사람들의 감정입니다. 양과 관련된
문제를 어떻게 해결할지를 두고 부부는 서로 의견이 갈리지만,
충돌하기보다는 회피하고 감정의 동요를 억누르거든요. 다른 성
인들도 비슷합니다. 여러 감정에 자물쇠가 걸린 로봇처럼 어느새
인간도 몇몇 감정에 잠금장치가 채워진 듯합니다. 영화에서 화를

내는 인간은 아주 드뭅니다. 아직 사회화가 덜 된 어린 딸, 암시장에서 로봇을 고치며 제도권 밖에서 활동하는 엔지니어 정도입니다. 인간과 어울려 살아가기 위해 엄격히 프로그램 된 로봇, 그런 로봇과 어우러지는 주류 사회 인간들도 스스로 감정 폭을 제한하는 듯이 보입니다. 기계 문화의 한 예라고 할 수 있습니다.

다시 영화 포스터로 돌아가보죠. 포스터 속 가족은 사회적 정체성 면에서 다양성이 극대화됐지만, 가족 구성원들의 감정은 지금 기준으로 보면 그렇게 다채롭지 않습니다. 이런 영화 속 인간 모습에서 힌트를 얻어 기계 문화 관점에서 한번 질문해보려 합니다. 만약 로봇과 자연스럽게 어울려 살아가는 동안 인간 감정이 로봇과 비슷해진다면, 어떤 문제가 생길까요? 지금의 우리보다 화도 잘 내지 않고 서운함도 꾹 참으면서 마음의 평온을 유지하며 지내는 삶도 괜찮지 않을까요? 굳이 감정이 획일화된다고 염려할 필요가 있을까요?

제가 우려하는 부분은 다양한 정체성과 결합된 감정적 비다양성입니다. 인간은 AI보다 복잡합니다. 윤리적으로 잘 학습된 AI처럼 나를 대해주는 타인과만 소통하고 나도 타인에게 그렇게 행동하며 산다면 그 사회는 어떤 모습일까요? 이런 사회에서는 개인이 속한 부족을 넘어 다른 집단에 공감할 가망이 줄어들 수 있습니다. 다른 집난을 향해 화를 내지도 흥분하지도 않지만 진심으로 이해하지도 못합니다. 이런 문제를 극복할 수 있는 해법은 무엇일까요? 마지막 절에서는 그 해법을 탐색해보려 합니다. 그 전에 당부 한마디 전하고 넘어가겠습니다. 제가 영화〈애프터 양〉을 두고 밝힌 의견은 제 해석입니다. 사실 이런 방식의 해석을 어디서 읽거나 들어본 적이 아직 없습니다. 더구나 영화의 주된 이야기나 문제의식과는 별 관련이 없으니, 아직 영화를 보지 않은 독자라면 제 해석의 영향을 받지 않길 바랍니다. 이 영화가 독자에게 불러일으킬 감정은 매우 새롭고 풍부할 테니까요.

체크리스트 작성 후에 해야 할 노력: 공감, 서사, 진정성

지금까지 AI로 다양성을 실현하는 일이 왜 어려운지 살펴보고, 그 지속 가능한 다양성을 추구하기 위해 필요한 체크리스트를 작성해봤습니다. 첫 번째 항목은 디지털 시대 반향실 효과에 갇힌 우리의 현실, 곧 진정한 올바름까지 나아가지 못하고 폭발하는 다양성을 명목적으로 존중하는 PC의 문제였습니다. 두 번째는 생성형 AI 시대에 더욱 고민이 깊어지는 기계학습의 딜레마, 곧 윤리적 과적합 또는 과다양성의 위험과 AI 성능 사이에서 어떻게 균형을 찾아갈 것인가 하는 문제였습니다. 마지막으로 세 번째는 우리와 공존하며 살 만한 AI가 구현될수록 커질 법한 문제, 곧 제한된 감정을 지닌 AI와 소통하다 보면 발생하는 기계 문화의 영향을 받아 우리 감정이 더욱 획일화될 위험이었습니다.

물론 이런 체크리스트는 지속 가능한 다양성을 구현하기 위해 점검할 사항일 뿐입니다. 이 체크리스트를 통과한다고 해서 AI 다양성이 자동으로 구현되는 것은 아닙니다. 그러기 위해 이 체크리스트 말고도 우리 인간은 어떤 노력을 해야 할까요? 또는 이 체크리스트를 통과하기 위해 인간은 무엇을 해야 할까요? 그 단서를 앞서 제시한 세 번째 체크 항목인 감정의 획일화에서 찾아보려고 합니다.

감정 폭이 좁아지면 우리는 타인, 정확히는 다른 사회적 위치와 환경에 있는 사람에게 공감하는 폭이 줄어들 위험이 있다고 언급했습니다. 그렇다면 감정 폭, 특히 공감은 왜 중요할까요? 고전 철학자 애덤 스미스는 《도덕감정론》(박세일·민경국 옮김, 비봉출판사, 2009)에서 인간이 내리는 도덕적 판단의 근원을 이성이 아닌 감정에서 찾았습니다. 그중에서도 가장 근원이 되는 감정은 "공감sympathy"이라고 역설하는데, 공감은 "상대방의 격정이 아니라 그 격정을 불러온 상황을 목격해서 발생"하는 감정이라고 합니다. 바꾸어 말하자면, 타인의 고통에 공감하는 사람은 그 타인이 처한 상황에 은연중 자신을 대입하기에 공감이 가능하다는 것입니다. 이런 관점에서 다양성 존중 문제를 바라보면 우리는 사회적 소수자가 처한 현실에 나 자신을 대입할 때 공감하게 되고, 그

165

렇게 공감할 수 있을 때 다양성을 향한 도덕적 존중과 행동으로 나아간다고 할 수 있습니다.

그렇다면 우리는 내 처지가 아닌 소수자 정체성에 언제 공감하게 될까요? 그들이 당한 불이익을 나타내는 수치와 통계를 주류와 비교할 때일까요, 아니면 그들이 일평생 겪는 세상을 그들 시각에서 추적하며 보여줄 때일까요? 애덤 스미스가 언급한 "나를 타인의 상황에 대입하기" 관점에서 보자면, 전자보다 후자가 공감을 불러일으키기에 좋습니다. 결국 다양성을 위한 존중은 건조한 데이터가 보여주는 결괏값보다는 정체성 때문에 겪는 서사 narrative에서 나오는 감정이입입니다. 사람이 내리는 가치판단을 움직이는 건 그런 감정이입이고, 다양한 정체성이 넘쳐나더라도 각 정체성을 대표하는 생생한 서사가 부족하면 진정한 의미의 다양성은 구현하기 쉽지 않습니다.

물론 서사에만 몰입하는 태도는 위험합니다. 우리가 디지털 부족에 갇히게 되는 주요인도 이런 태도일 것입니다. 특정 사례에서 전달하는 서사를 전체 세상의 진실인 양 믿어버리면 앞서 언급한 갈등, 혐오, 탈진실, 정치적 대중주의를 불러옵니다. 데이터가 넘쳐나는 사회에서 데이터와 통계를 근거와 동일시하는 태도는 경계해야 하며, 전정한 근거를 토대로 판단을 내릴 때는 통계와 서사를 모두 고려해야 합니다(강정한·송민이, 2023). 특정 정체성이 겪는 서사에 공감하지 않으면 그 정체성을 위한 존중도

싹트기 어렵습니다.

지금까지 살펴본 대로 우리가 기울여야 할 노력을 정리하면 다음과 같습니다. 우선 감정 폭이 좁아지지 않도록 유의해야 합니다. 감정 폭이 줄어들면 타인이나 다른 정체성에 공감하기가 어려워지기 때문입니다. 이건 모든 시민이 함께 노력해야 할 부분입니다. 그런데 타인에게 공감해보려고 해도 억지로는 되지 않습니다. 다양성을 자주 마주친다고 자동으로 공감이 깃들지는 않기 때문입니다. 공감은 나 자신을 대입할 만한 서사가 있을 때 가능하고, 이런 서사를 통계적 근거 위에서 발굴하는 노력은 학자의 몫입니다.

그렇다면 서사를 발굴할 데이터를 생산하는 사용자는 어떤 노력을 해야 할까요? 다시 말해 어떤 사용자가 생성한 디지털 데이터에서 공감할 만한 서사를 뽑아낼 수 있을까요? 저는 우리가 진정성 있는authentic 데이터를 생산해야 한다고 생각합니다. '진정성'은 '탈진실'과 함께 점차 중요성이 커지는 용어입니다. 옥스퍼드 사전이 '탈진실post-truth'을 2016년 올해의 단어로 선정한 이후, 메리엄웹스터Merriam-Webster 사전이 '진정성authentic'을 2023년 올해의 단어로 선택한 것은 우연이 아닙니다. 탈진실 사회를 극복하기 위한 대안을 모색하는 데 가장 중요한 방향일 수 있기 때문입니다.

흔히 가짜뉴스fake news로 불리는 정보 중 특히 악의적인 유형은 조작정보disinformation입니다. 여기에는 별 뜻 없이 생산된 오정보misinformation와 달리 타인을 속이려는 의도가 숨어 있기 마련입니다. 정보를 진정성 있게 생산한다면 조작된 서사도 줄고 잘못 인도된 도덕적 판단도 적어질 것입니다. 이런 면에서는 '진실성'을 포함하는 것이 진정성입니다.

무엇보다도 '진정성 있는 데이터'라고 하면 그 데이터를 생산하는 주체가 가감 없이, 어떤 의도적 가공이나 변형도 없이 있는 그대로 자신의 모습을 보여주는 것을 뜻합니다. 이런 데이터는 소셜미디어나 검색창 등에 올리는 문자와 영상 텍스트뿐만 아니라, 우리가 의식하지 못하는 사이 남기는 움직임이나 생체 자료 등도 모두 아우릅니다. 진정성 있는 데이터는 그 주체가 겪는 서사를 생생하게 복원할 수 있는 원료가 됩니다. 이렇게 복원된 서사는 그 주체가 의도적으로 전달하려는 메시지와는 다른 공감을 불러일으킬 수도 있는데, 사실 그런 측면이 진정성의 장점입니다.

진정성 있는 정보는 기계학습의 과다양성 딜레마도 줄여줄 수 있습니다. 악의적인 데이터가 감소하면 다양성을 의식적으로 고려해서 학습할 필요성도 작아집니다. 무엇보다도 진정성 있는 데이터가 공감 폭을 넓히면 다양한 정체성을 겨냥한 편견이나 혐오가 담긴 데이터가 차츰 줄어들 테고, 생성형 AI가 학습하는 자료도 양질의 데이터가 되어 자연스럽게 다양성을 구현할 가능성이 높아질 것입니다.

그렇다면 진정성을 활용해 다양성의 정신을 구현한 사례가 있을까요? 사실 정치·사회 영역에서는 그런 사례가 잘 떠오르지 않습니다. 문화 영역이라면 하나 정도 생각납니다. 이 이야기를 하기 전에, 우리가 다양성을 추구하는 궁극의 이유는 다양한 정체성을 지닌 부족들로 분화하기 위해서가 아니라 그 다양한 정체성을 통합하고 싶어서라는 당연한 사실부터 말씀드립니다.

〈타임〉은 2023년 올해의 인물로 테일러 스위프트Taylor Swift라는 대중가수를 선정했습니다. 〈타임〉이 대중문화인을 올해의 인물로 뽑은 사례로는 최초라고 합니다. 그만큼 그가 세계에 끼친 영향력이 얼마나 막대한지 알 수 있습니다. 〈타임〉이 밝힌 선정 이유 중 제 시선을 사로잡은 문구가 있습니다. 바로 "분화된 stratified 우리 세계에 마지막 남은 단일문화monoculture"(Lansky, 2023.12.06.)라는 표현인데, 여기서 말하는 단일문화가 획일적 문화라는 뜻은 아닐 것입니다. 분열된 세계를 통합해줄 공통의 문화라고 해석하는 편이 더 알맞을 듯합니다.

그렇다면 스위프트는 분열된 이 세상에서 모두의 공감을 살 만한 메시지로 어떤 내용을 전달하고 있을까요? 저는 스위프트의 팬이 아니기에 잘 몰랐습니다만 궁금해서 알아보니, 스위프트는 주로 자신의 서사를 노래하는 싱어송라이터더군요. 물론 자신의 경험을 노래하는 가수가 모두 성공하지는 않습니다. 제가 생각하기에는 자신의 정체성에서 생겨난 체험 그리고 거기서 우러나는 주관적 감정을 진정성 있게 노래했기에 단일문화를 형성할 만큼 광범위한 공감을 불러일으킨 것이 아닐까 합니다. 즉, 다양한 정체성에서 공통의 요소를 뽑아내기보다는 오롯이 자신만이 전달할 수 있는 정체성의 경험을 노래할 때 오히려 보편적 공감을 얻지 않나 추론해봅니다.

사회학에는 유유상종homophily이라는 법칙이 있습니다. 아마도 사회적 존재인 인간에게서 관찰할 수 있는 가장 보편된 법칙이 아닐까 싶습니다. 그리고 현대사회에서는 이 유유상종을 가능하게 하는 공통점이 무척이나 다양한 축의 조합으로 형성되고 있습니다. 이런 사회에서 다양한 집단이 공감을 매개로 어떻게 통합될 수 있을지 사회학자로서 매우 궁금합니다. 지속 가능한 AI 다양성이 구현된 사회에서도 유유상종이 통할까요? 혹은 사회학적 유유상종은 앞으로 어떻게 진화할까요? 우리가 실천하기에 따라 그 답은 달라질 것입니다.

AI 시대는 어떤 학문과 인재를 원하는가

곽진선 _ 국가과학기술인력개발원 인재교육혁신부 연구위원

6

학문 분야와 산업의 경계를 허무는
미래 융합인재는 기술 개발과
사회 발전을 촉진할 것입니다.
통합적 사고로 연결성을 높이면 오히려
기술과 거리가 멀다고 느껴지던 철학과
인문학 등에 담긴 가치와 활용성을
재발견할 수도 있습니다.

인공지능의 등장과 시장의 작동

AI 기술은 경제, 사회, 문화뿐만 아니라 우리 일상생활에도 광범위하게 영향을 끼치며 세상을 바꿔가고 있습니다. 2024년 시장조사기관 가트너Gartner가 기업들이 주목해야 할 10대 기술을 발표했는데, 그것을 정리하면 〈그림 1〉과 같이 AI 신뢰, 리스크 보안 관리, 플랫폼 엔지니어링, AI 증강 개발, 생성형 AI 민주화, 지능형 애플리케이션 등입니다. 이 중 AI 기술이거나 관련된 기반 기술이 절반을 넘습니다(Gartner, 2023). 〈MIT 테크놀로지 리뷰 MIT Technology Review〉와 OECD에서도 AI 기술을 주요한 유망기술로 선정했습니다(OECD, 2024; Will, 2024). 이렇듯 AI 기술이 미래에 대세가 되리라는 점은 이제 의심할 여지가 없습니다.

AI 기술이 사회 다방면은 물론 시민의 일상생활까지 변화시

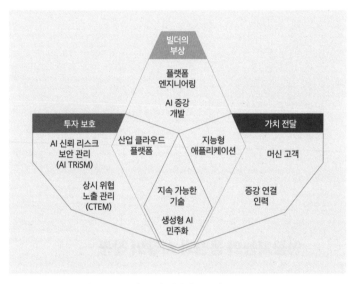

〈그림 1〉 2024년 10대 전략기술 트렌드(가트너, 2023)

킨 것은 기술과 시장이 양방향으로 파급력을 미치기 때문입니다. 기술이 기업과 같은 생산 주체를 거쳐 시장에 영향을 끼치는 흐름을 기술주도technology push라고 합니다. 반대로 시장, 곧 소비자가 만들어내는 새로운 수요나 아이디어를 토대로 기술 발전을 촉진하는 흐름을 시장견인market pull이라고 합니다. AI는 기술과 시장이 서로 영향을 주고받으며 기술주도와 시장견인을 동시에 작동시키는 특수성이 있습니다. 말하자면 생산자가 AI 기술을 기반으로 제품을 생산해내기도 하지만, 소비자들이 일상에서 AI 기술의 필요성을 느끼고 제품 변화를 유도할 수도 있다는 뜻입니다.

대개 기술은 개발된 뒤에 특정 산업에서 제품과 서비스의 형태로 생산되어 소비자에게 제공돼왔습니다. 간혹 특정 기술 분야에서 시장견인이 나타나기도 하지만 상당히 드문 현상이었죠. 그런데 AI 분야에서는 기술과 시장이 실시간으로 영향을 주고받으며 빠르게 발전하고 있습니다. 소비자는 특정 제품이나 서비스를 이용해보고 그 경험을 피드백해서 AI 기술이 성장하도록 돕고, 성공적인 기술 진화를 경험하며 더욱 적극적으로 의견이나 아이디어를 제시해서 기술 발전을 촉진합니다. 특히 AI가 고도화되려면 정제된 데이터 수집과 분석이 필수인 만큼 소비자가 데이터와 피드백을 제공하는 역할은 넓은 의미에서 시장견인을 주도한다고 할 수 있습니다.

앨빈 토플러Alvin Toffler는 저서《제3의 물결》에서 미래 산업사회를 묘사하며 생산자producer와 소비자consumer를 결합한 프로슈머prosumer라는 용어를 처음 사용했는데(Toffler, 1980), 이런 프로슈머가 활동하는 대표적인 기술 시장이 AI 산업이라고 할 수 있습니다. 지금은 생성형 AI 서비스를 기반으로 창조적인creative 소비자consumer로 활동하는 크리슈머cresumer, 광고advertising나 마케팅에도 직접 참여하는 애드슈머adsumer까지 등장하는 상황입니다. 이처럼 소비자의 역할과 영향력이 점차 커지는 추세이기에 생산자와 소비자 사이의 활발한 상호작용이 전제돼야만 기술 개발도 완성도를 높일 수 있습니다.

인공지능을 둘러싼 다양한 학문과 확장성

여타 기술과 달리, AI는 기술의 진보 속도를 높이게 된 상징적인 특징이 두 가지 있습니다. 이 차별적인 특징 덕분에 AI는 오늘날 우리가 살아가는 시대의 대표적 기술로 자리매김할 수 있었고, 더 나아가 미래를 견인할 기술로 손꼽힙니다.

첫 번째로, AI는 인간과 대단히 밀접하게 맞닿아 있는 기술입니다. 인간의 생각·심리·인지 영역을 컴퓨터 모델링으로 구현한 기술이기에 많은 부분에서 인간과 무척 닮았습니다. 그래서 대중은 AI 기술을 만날 때마다 친근하다는 인상을 받으며 인간과 닮은 점을 찾으려고 하죠. 내 관심사와 취향에 맞춘 실시간 챗봇, AI 기능을 탑재한 휴머노이드 로봇은 기술 수용도를 더욱 빠르게 높였습니다. 인간이 기술에서 친숙함을 느낄수록 기술 수용성이 높아져 기술의 확산과 정착이 수월해지고, 그다음 기술은 과연 어떨지 기대감을 품게 됩니다. 시민들은 이전에 산업혁명이 일어나 기계, 전기, 통신처럼 완전히 새로운 혁신 기술을 만난 경험이 있습니다. 하지만 기술 원리를 궁금해한다든지, 그다음 기술이 어떤 형태로 구현될지 상상해본다든지, 내 환경에 실제로 적용할 수 있는지 구체적으로 기대해본 적은 없습니다. 그런데 AI는 새로운 기술이 구현될 때마다 대중의 관심을 끌어모으며, 소비자에게 직접 서비스에 참여해보고 싶은 욕구를 불러일으킵니다. 다시 말해 인간의 기술 친밀도를 바탕으로, 호기심을 충족하길 원하고 편리함을 추구하는 소비자가 구매에 나서도록 유도합니다. 여기에서 산업은 제품과 서비스를 생산해내는 동력을 얻고 끊임없이 새로운 비즈니스 모델을 창출합니다. AI 기술 시장은 이런 양산으로 확장성이 더욱 커지면서 잠재성 높은 시장으로 거듭나고 있습니다.

두 번째로, AI는 융합을 거치면 활용도가 높아지는 기술입니다. 다른 기술 또는 다른 산업과 결합하면서 완성도가 깊어지는 기술인 것입니다. 특정 분야의 학문, 기술, 노하우 같은 지식을 도메인 지식domain knowledge이라고 합니다. 자동차 분야를 예로 들면 기계 관련 전공 지식, 제조 산업 구조, 제품 종류, 생산 공정, 산업 현장 노하우 등을 가리키는데, AI 기술은 다양한 분야의 이런 도메인 지식과 결합하면서 더욱 많은 제품과 서비스로 개발됩니다. 생명, 의료, 제조, 유통, 통신, 전자제품에 이르기까지 이제는 AI 기술을 활용하지 않는 분야가 없을 정도로 확장성이 무척 빠릅니다. 이런 추세는 AI 기술에서 나타나는 일반목적기술general purpose technology 특성 때문입니다. 일반목적기술이란 한 가지 기술이 특정 분야에 얽매이지 않고 다양한 영역에서 혁신을 유도하는 범용기술을 말합니다. 그래서 기반성 기술enabling technology이라고도 합니다. AI는 그 자체로 최종 제품과 서비스를 생산할 수 있는 요소 기술이면서, 동시에 다른 기술과 융합을 거쳐 고도화되거나 생산양식에 변화를 일으켜 새로운 부가가치를 창출합니다. 실제로 산업 현장에서는 복잡성이 높은 융합 형태로 새로운 기술이 개발되거나 생산양식에 변화를 가져왔습니다.

기술 결합성이 높아지면서, 자연스럽게 다양한 지식과 경험을 보유한 전문가들이 협업할 필요가 생겼습니다. 최근 글로벌 빅테크 기업에서는 AI 부서 인력을 채용할 때 전자공학이나 데이터 분석뿐만 아니라 사회과학, 인문학, 디자인을 전공한 인재도 같이 모집한다고 합니다. 다양한 전공과 이력의 소유자들로 팀을 구성하고 협업을 이끌어내 업무를 추진하는 거죠. 이렇게 변화된 채용방식은 인공지능의 융합적 특징을 단적으로 보여줍니다. 이전부터 융합적 사고가 중요하다고 강조하면서도 현장에서는 제대로 실천하지 못하는 실정이었는데, AI 분야야말로 여러 영역이 직접 결합하며 활발하게 제품과 서비스를 생산하는 최초 영역이라고 할 수 있습니다. 다양성이 높은 팀을 꾸려 여러 각도에서 기술의 가능성을 점검하고 기능과 사용성을 높이는 식입니다.

AI는 인간을 닮은 기술이라는 점과 융합으로 큰 시너지를 낸다는 특성 때문에 다학제적 지식이 정교하게 결합해야 합니다. 인공지능의 이런 측면은 AI 분야가 태동하던 시기를 살펴보면 한결 쉽게 이해할 수 있습니다. 1950년대 초반 카네기공과대학(지금의 카네기멜런대학)에서 행정학을 전공한 사이먼H. Simon과 프린

스턴대학에서 수학을 공부한 뉴웰A. Newell은 행정조직의 의사결정 과정에 흥미를 느끼고, 인간과 기계의 상호작용을 기반으로 문제해결 이론을 정립한 다음, 컴퓨터를 활용해 모사하기로 마음먹습니다. 그렇게 수차례 논의한 끝에 정보를 변환해서 논리체계를 만들어냈고, 1956년 다트머스회의에서 논리이론가logic theory machine라는 AI 프로그램을 세상에 선보입니다(이정모, 2009). 논리이론가는 버트런드 러셀의 수학원리를 확장해서 발전시킨 프로그램인데, 두 학자가 수학이라는 학문적 연결고리를 활용해 전산학, 경제학, 심리학을 접목한 연구 결과물입니다. 사회과학과 이학을 아우르는 다학제적 접근으로 인간의 마음과 기계를 연결할 수 있다는 사실을 증명하며 인지과학의 토대를 마련한 성과였습니다. 인지과학 관점에서 AI는 인간의 마음을 컴퓨터로 묘사한 기술입니다. 즉, 인간의 마음과 의사결정을 관장하는 심리학과 신경과학을 토대로 컴퓨터 프로그래밍을 활용해 기술로 구현해낸 결과물입니다.

AI 기술은 심리학, 경제학, 정치학 같은 사회과학 계열과 수학, 전자공학, 뇌과학 같은 이학 및 공학 계열 그리고 철학, 예술학, 언어학 같은 인문학 계열이 모두 관련된 학문입니다. AI를 둘러싼 학문은 강력한 연결성으로 새로운 이론을 정립하거나 기술 진보를 촉진합니다.

AI의 다학제성을 좀 더 자세히 살펴보면 〈그림 2〉와 같습니다. **179**

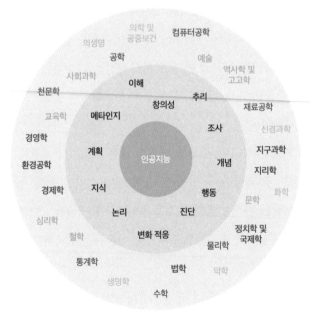

〈그림 2〉 인공지능과 연계된 학문의 구조도(이정모, 2009; Durmus, 2020)

AI는 인간의 마음과 의사결정 과정을 담은 기술이기에 심리학, 신경과학, 뇌과학 같은 기본 학문을 골자로 해서 수학, 전자공학, 컴퓨터공학의 이론을 활용하고, 더 나은 기술을 구현하기 위해 경영학, 경제학, 정치학, 미학 측면까지 고려합니다. 이토록 다양한 학문 분야가 촘촘하게 연결되는 터라, 그야말로 슈퍼 커넥션을 보유한 영역이라고 할 수 있습니다. 최근에는 AI 기술과 관련된 윤리, 보안, 규제 등이 쟁점으로 떠오르면서 법학, 인문학, 철학까지 연계되는 상황입니다. 이런 초연결성 때문에 AI를 둘러싼 학문은 새로운 학습과 적응이 필요합니다.

연구개발 생태계와
일자리 변화의 가속화

디지털 전환이 가속화되면서 연구개발 생태계 또한 변화하고 있습니다. 연구개발 분야에는 공공연구소, 대학, 민간기업으로 구성된 혁신 주체 세 영역이 주로 활동하는데, 그동안은 공공연구소와 대학에서 기술을 개발한 다음 민간기업에 이전하거나 사업화하는 형태로 지식이 이동했습니다. 과학기술 분야에서 새로운 이론이 정립되면 응용, 개발 과정을 거쳐 시장에서 제품으로 개발되는 식이죠. 하지만 디지털로 전환되면서 정보 접근

181

성이 높아지고 기술 진보 속도도 빨라지고 있습니다. 세 혁신 주체들 사이에서 지식이 흐르는 형태가 아니라 오픈 사이언스open science 모습으로, 곧 동시다발적으로 지식이 쌓이고 있습니다.

게다가 모든 혁신 주체의 연구개발 역량이 향상되면서 연구소와 대학에서 연구개발을 주도하던 과거 방식에 변화가 일고 있습니다. 연구소, 대학, 기업이 모두 정보와 지식의 주인이 되어 가치를 창출하고 직접 시장에서 거래하다 보니 전통적인 기술, 지식, 시장의 관계가 변화를 맞게 된 것입니다. 특히 디지털로 전환되고 폭발적인 데이터 수집이 가능해지면서 AI 부문에서는 엄청난 기술혁신이 나타나고 있습니다. 이렇게 지식가치사슬knowledge value chain에 급진적인 변화가 일어나면 새로운 기술혁신 체제가 필요해집니다. 말하자면 기술혁신이 보여주는 동시성과 가속성 때문에 혁신 주체마다 독자 개발을 추진하기보다는 개방하고, 협력하고, 융합할 필요가 생깁니다(이민형, 2023).

AI 기술은 발전하는 과정에서 일자리에도 많은 변화를 가져오고 있습니다. 단순 반복 업무를 자동화하면 일자리가 줄어들기 마련입니다. 반면 고도화된 서비스, 인간의 창의적 영역에서는 끊임없이 새로운 일자리가 창출되고 있습니다(뉴시스, 2024). AI가 불러오는 일자리 변화를 이야기할 때는 단순히 일자리가 늘고 줄고의 문제만이 아니라 직무와 업무방식의 변화를 눈여겨봐야 합니다. AI를 도입해서 기존 일자리가 사라지지 않는다 하더라도 자동화되는 직무 영역이 나올 것입니다. 기술로 업무 효율을 높여서 보존된 노동력을 또 다른 직무에 활용하면, 이번에는 조직 생산성이 향상될 것입니다. 이직과 전직이 활발해져 평생직장 개념이 사라지고, 파트타임과 시즌제 같은 다양한 근로 형태도 나타나고 있습니다. 산업구조가 변화하고 노동시장이 유연화되는 추세가 새로운 세대의 가치관과 맞물리며 새로운 고용 형태가 생겨난 것입니다.

다양성의 가치와 융합인재 양성

AI 기술의 특성, 연구개발 생태계의 진화, 일자리 변화로 인력 양성 패러다임도 새로움을 요구하고 있습니다. 지식의 생성 속도와 확장성을 고려할 때 인간이 새로운 것을 발 빠르게 학습하고 활용하기 위해서는 전혀 다른 방식이 필요한 시대가 됐습니다. 특정 학과, 산업, 기술에 국한된 지식을 축적하는 방식으로는 결국 미래를 대비하기 어려워졌기 때문입니다. 이제는 다양한 분야를 융합하고 적극적인 네트워크로 문제를 해결할 수 있는 융합인재를 양성할 때입니다.

AI 기술은 그 자체로 완성도를 높이기 위해 연계된 학문을 직접 결합해야 한다고 강조합니다. 학제 측면에서 AI와 데이터 사이언스는 연구 프로젝트를 설계하고 수행하고 활용하는 연구개발 모든 과정에 걸쳐 협업할 때 더욱 높은 연구 성과를 낸다고 알려져 있습니다. AI 분야는 개별 학문으로 접근하기보다 연계 학문의 다학제적 관점에서 문제를 정의하고 해결하려고 시도할 때 더 나은 연구 결과를 끌어냅니다. 데이터를 수집, 분석하는 방법의 고도화 말고도 결과를 해석하는 다양한 방식에 따라 혁신적인 시사점을 잡아낼 수 있기 때문입니다.

AI와 연계된 학문을 결합하기 위해 다양성을 고려해서 팀을 꾸리면 더욱 높은 성과를 기대할 수 있습니다. 연구팀에 다양한 관점이 모이면 〈그림 3〉처럼 긍정적인 상승효과를 낼 수 있어, 개인 차원의 연구 활동과는 많은 차이를 보입니다. 구성원들이 전공 지식을 발휘해 다양한 관점에서 아이디어를 제시하고, 이를 받아들이는 인지적 다양성이 팀의 창의성을 높이기 때문입니다. 그래서 팀원을 다양하게 구성하고 시너지를 낼 수 있도록 팀을 운영하면 개인 단위와는 다른 수준의 동기부여와 생산성이 나타납니다. 실제로 구성원의 동질성이 강한 팀보다 다양성이 뛰어난 조직에서 월등히 높은 생산성을 보입니다(〈그림 4〉 참조). 다양성을 확보한 팀은 개인 기량이 조직 역량으로 승화되는 지식 생산 체제로 전환될 수 있기에 개개인의 생산성을 모두 합친 수준보다 훨씬 큰 시너지를 냅니다. 다만 그러기 위해서는 협력과 조정이

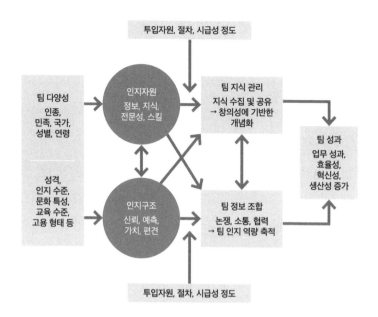

〈그림 3〉 다양성이 높은 팀에서 성과를 창출하는 과정(Martins, 2022)

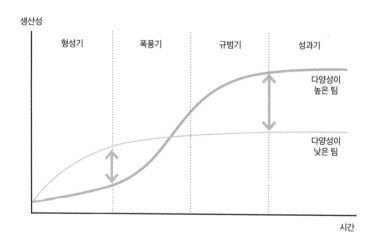

〈그림 4〉 팀 구성원의 다양성과 생산성(Mays, 2022)

원활할 수 있도록 유연한 의사소통 기술과 협업 능력이 뒷받침돼야 합니다. 그렇지 않으면 갈등을 조정하고 질서를 세우는 데 더 많은 에너지가 들어갑니다. 다양한 관점은 기술력을 끌어올리는 중요한 요소이지만, 상대방을 향한 존중과 포용력이 뒤따를 때만 긍정적인 효과로 이어질 수 있습니다.

산업 관점에서 보면 더욱 많은 분야에서 인재가 참여하고 협업해야 할 것입니다. AI, 우주, 반도체 같은 첨단산업에서는 기술이 진보하는 속도가 다른 분야보다 훨씬 빠릅니다. 산업 현장에서 전공 지식뿐만 아니라 도메인 지식까지 결합돼야 과학기술이 시장성 있는 제품과 서비스의 개발로 이어질 수 있는데, 지식이 결합하는 과정에서 창의적 사고, 문제 해결 능력, 커뮤니케이션 기술 같은 소프트스킬이 더해지면 더욱 효과적으로 정보를 융합하고 새로운 아이디어를 끌어낼 수 있습니다. 산업 특성에 따라 전공 지식과 도메인 지식을 활용하는 비중은 달라질 수 있겠으나, 다양한 정보와 지식을 자원으로 삼아 또 다른 개발을 추진하거나 영역을 개척한다는 면에서 보면 첨단 분야에는 전공 지식, 도메인 지식, 소프트스킬이 모두 필요합니다. 특히 AI 분야는 다양한 산업으로 진출할 수 있는 만큼, 도메인 지식과 결합하는 경향이 강합니다(곽진선, 2023).

대단히 많은 영역과 결합하며 무궁무진한 확장성을 품은 기술이기에 관련 기술과 산업의 경계 또한 흐릿해지고 있습니다. 현재 AI 기술의 활용도로 볼 때 미래에는 AI 산업의 범주가 더 넓어질 만합니다. 아마도 거의 모든 산업 영역에서 전반적 또는 부분적으로라도 AI 기술이 도입될 것으로 예상됩니다. 그래서 다양한 학문과 산업 현장의 도메인 지식을 적절하게 결합해서 활용할 수 있는 융합인재가 절실합니다. 인간의 능력으로는 빠르게 변화하는 다양한 범주의 지식을 모두 익힐 도리가 없기 때문입니다. 오히려 목표를 달성하기 위해 필요한 정보나 지식을 시의성 있게 연결하고 통합적인 사고체계로 새로운 것을 개발하는 능력이 더 긴요할 것입니다. AI가 실용 기술이 되어 모든 산업 영역으로 확산하면서 우리는 이전과는 다른 기술의 변화 속도를 마주하게 됐습니다. 오늘날 인재는 다양한 학문을 서로 융합해서 산업에 적용하는 능력은 물론, 변화할 지점을 시의성 있게 발굴해내는 전략적 시각까지 갖춰야 합니다. AI 시대를 맞아 융합인재라는 새로운 인재상이 등장하면서 혁신적인 교육기법도 필요해졌습니다. 미래를 준비하려면 과거와는 완전히 다른 교육 패러다임으로 전환해야 합니다. 이제 더는 지체하거나 미룰 수 없는 시급한 과제입니다.

우리나라에서 '융합'은 미국 과학재단에서 제시한 '기술 간 수렴converging technologies'을 한국어로 번역하는 과정에서 다소 애매한 의미로 정착했습니다. 많은 학자가 지지하거나 동의하지도 않았고 심도 있는 분석 또한 거치지 않은 해외 개념이 국내에 도입되어 한국적 맥락에서 용어를 찾고 해석하는 과정에서 변형됐다고 볼 수 있습니다(이정모, 2010). 2005년 국내에 '통섭consilience'으로 번역된 월슨E. Wilson의 저서는 생물학적 환원주의를 전제로 삼아서, 모든 학문 간 융합을 포용하기에는 한계가 있는 개념입니다. 또한 다학제성은 학문 간 포용을 존중하기에 통합inter-gration과도 다릅니다. 이번 장에서 제언하는 융합인재는 수렴이나 통섭과 같은 학문 간 결합을 넘어서는 개념으로, 분야·영역·산업 간 결합까지 아우릅니다. 학문과 산업의 발전 속도와 그 영향력을 고려할 때 융합의 의미를 학문으로만 한정하면 인재 양성을 논의하는 데 한계가 있기 때문입니다.

미국에서 융합이라는 표현을 처음 사용했을 때 가리키던 기술 간 융합에서 다른 학문도 포용하고자 했던 다학제적 융합을 지나 이제는 산업과 문화까지 결합하는 초융합 시대에 살고 있습니다. 융합은 전공, 산업, 국가를 초월해서 일어나는 현상이며, 그 주체는 미래 인재입니다. 이런 변화상을 고려할 때 우리가 경험한 교육 훈련과는 완전히 다른 교육방식이 제시돼야 할 것입니다.

가까운 미래에는 학문의 경계를 특정 전공으로 한정하는 일이 무의미해질 수 있습니다. 실제로 하버드, MIT, 스탠퍼드, 옥스퍼드 같은 대학에서는 무無학과로 입학해 이수한 학점에 따라 전공을 인정하거나 인문, 사회, 이공 계열을 구분하지 않고 다양한 과목을 수강하게 합니다. 융합인재, 융합학과라는 용어를 콕 집어 사용하지는 않지만 여러 관련 지식을 습득하고 결합하는 사고기법과 통찰력을 기르는 데 중점을 둡니다. 말하자면 다학제적인 물리적 협업을 넘어 초학제적transdisciplinary인 화학적 결합으로 완전히 새로운 것을 창출해내는 사고력을 키우는 데 주력하는 것이죠. 다양한 학문을 만나다 보면 학문 간의 비슷한 구조나 연결성을 발견하게 됩니다. 더 넓은 시야로 문제를 진단하는 방식도 다채로워지고 다양한 분야를 손쉽게 연결하는 능력도 생깁니다. 융합 능력은 개인이 보유한 자원 안에서, 또는 네트워크를 거쳐 타인의 지식을 연결하는 방식으로 발현될 수 있습니다. 다시 말해 융합 능력은 누구에게나 요구되는 기량이지만 기질과 성향에 따라 활용하는 방식이 달라질 수 있습니다.

미래 융합인재의 양성

그렇다면 미래를 이끌어갈 융합인재는 어떻게 길러낼 수 있을까요? 아직 아무도 가보지 않은 길이지만, 미래 지향적이고 혁신적인 인력 양성을 위해 다음 네 가지를 제안합니다.

첫째, 지식의 축적 속도가 빨라지는 추세에서 꾸준히 학습할 수 있도록 스스로 질문할 수 있는 호기심과 열정이 있어야 합니다. 복잡한 문제의 본질이 무엇인지 탐구하고 어떤 대안과 해결책이 있을지 고민하면서 사고의 폭과 깊이를 더하는 활동을 계속 이어가야 하기 때문입니다. 모든 정보의 접근성이 높아진 지금, 주입식 강의와 단순 암기 방식의 학교 교육으로는 인간의 마지막 영역이라 불리는 창의성을 확장하는 데 한계가 있습니다. 학교에서 배우는 지식 말고도 끊임없이 주변에서 정보를 얻고 학습하려는 태도가 필요합니다. 수많은 지식과 정보가 실시간으로 쏟아지기에 공부를 마친다는 개념이 사라지는 만큼, 생존하는 내내 학습과 훈련을 거듭해야 합니다. 하지만 자기 주도성이 없으면 평생학습은 어렵기 마련입니다. 왕성한 호기심과 지적 동기가 원동력이 되어 부단히 학습을 이어갈 수 있도록 주력 분야의 전문성을 높이고 새로운 관심사도 계속 발굴해야 합니다.

둘째, 개인이 스스로를 계발할 때 자율성이 확대돼야 합니다. 인간은 저마다 재능이 다릅니다. 교과목에 해당되는 언어, 수리, 예술 같은 분야에서 뛰어난 능력을 보이기도 하고, 공간, 인간 친화 같은 영역에서 두각을 나타낼 수도 있습니다. 인간이 지닌 재능의 영역과 수준은 각기 다르기에 다양한 분야 또는 특정 영역에서 남다른 재능을 보유할 가능성이 충분합니다. 하버드대학 교육심리학 교수인 하워드 가드너Howard Earl Gardner는 다중지능 이론theory of multiple intelligences을 제시하며, 인간에게는 언어, 논리수학, 대인관계, 자기이해 등을 포함해 8가지 다양한 지능이 있다고 주장했습니다. 현재 정규교육 과정에서는 인간의 재능 가운

데 교과목 성적만을 능력으로 강조하지만, 협업과 평생학습이 보편화되는 추세이니만큼 미래에는 대인관계, 자기이해 같은 능력도 재능으로 인정해야 할 것입니다.

인간의 재능은 타고난 기량에 호기심과 지구력이 더해질 때 다양한 형태로 계발된다고 알려져 있습니다. 각자 어떤 재능이 있는지 진지하게 탐색하고 그 기량을 조화롭게 활용하기 위해서는 학습과정이 한층 더 유연해져야 합니다. 개인마다 서로 다른 영역의 재능을 인정하고 본인이 선호하는 학습방식에 따라 역량을 키울 수 있는 환경도 조성돼야 하고요. 자유롭게 사색하고 나만의 사고를 전개하기 위해서는 현재 의무교육 과정에서 제공하는 교과목 범위, 학습기법, 학습 순서까지도 검토해야만 할 수도 있습니다. 다만 학습을 위한 자율성이 보장돼야 개인의 고유한 재능이 더욱 다양하게 발현되는 기본 토대가 마련될 것입니다.

셋째, 끊임없이 융합인재를 육성하기 위해서는 개인의 다양성이 존중돼야 합니다. 특히 새로운 사고기법과 관점을 존중하고 다른 의견의 수용성을 높일 수 있어야 합니다. 타인 시선에 얽매이지 않고 생각을 표현하다 보면 일차원적 생각을 다각적 사고로 발전시킬 수 있습니다. 자신의 의견을 타인에게 설득하거나 상대방과 다른 주장을 펼칠 때 능동적이고 자유로워야 합니다. 그래야 다수 의견이 곧 결론이 되는 사회적 순응편향을 줄이고 획일적인 조직의 집단사고groupthink를 극복할 수 있습니다. 개인이 보유한 지식과 경험을 바탕으로 다양한 의견을 적극 개진할 수 있을 때 융합적 사고가 작동해서 새로운 아이디어가 창출되고 혁신적으로 문제를 해결할 수 있습니다.

또한 구성원의 다양성을 효과적으로 결합하기 위해서는 해당 집단 리더의 역할이 매우 중요합니다. 서로 다른 아이디어와 견해를 포용하고 다양성의 긍정적인 측면을 극대화하려면 다양성 diversity, 형평성equity, 포용성inclusion을 의미하는 D.E.I 가치를 공유하고 정착시킬 필요도 있습니다. 집단 내부에서 새로운 가치가 확산하면 서로 다른 관점을 머뭇거리지 않고 표현할 수 있어 아이디어가 발산, 통합, 수렴되는 과정이 원활해질 것입니다.

넷째, 다양한 구성원과 토론하고 협업할 수 있어야 합니다. 토론과 협업을 하는 능력은 훈련하면 체화할 수 있습니다. 학교나 직장에서 어떻게 자연스럽게 토론에 참여하게 됐고 발표할 때 느끼던 부담감이 줄어들었는지 돌이켜보면 쉽게 해답을 찾을 수 있을 것입니다. 그런데 토론과 발표 수업 참여 경험이 부족한 우리나라 중·고등학교 학생들은 대학에 진학하고 나서 갑작스레 토론식 수업과 억지스러운 융합사고를 맞닥트립니다. 어떻게 자신의 의견을 조리 있게 전달하고 타인의 생각을 받아들여야 하는지 연습하지 못한 채로 익숙하지 않은 교육방식에 재빨리 적응해야 하는 처지가 되는 거죠. 토론에 필요한 기술, 마음가짐, 태도 등을 익히지 못한 상태로 토론에 들어가면 소극적인 참여로 아이디어

빌딩까지 이어지기 어렵습니다. 토론이 자연스러워지려면 정적인 학습 분위기를 동적으로 전환하고 토론 경험이 쌓일 수 있도록 이끌어야 합니다. 상호작용과 협력학습 요소를 포함한 새로운 학습문화가 요구되는 까닭입니다.

그래서 새로운 학습 생태계를 구축해 경험 중심의 학습 여정을 다져나가며 성장할 필요가 있습니다. 학습은 이벤트 과정 측면에서 경험과 지식을 축적할 수 있어야 합니다. 주변의 모든 글과 영상이 학습 자원이자 도구가 될 수 있고, 비정기적 활동들은 하나의 흐름이 되어 학습으로 연계되는 현상이 빈번해질 것입니다. 독서, 커뮤니티, 학습용 영상, 지식 콘텐츠 등 다양한 출처의 정보는 학습 원천이 되어 토론 재료로 활용될 만하고요. 토론은 개인이 습득한 지식과 정보를 가장 효과적으로 교환할 수 있는 방식입니다. 글로 미처 정리하지 못한 개인 생각을 대화 목적에 걸맞게 발췌해서 습득할 수 있기 때문입니다. 공식적인 토론 자리가 아니더라도 가벼운 토의나 대화로 경험을 거듭하다 보면 소통기법을 익힐 수 있습니다. 즉, 설계된 학습방식 말고도 관심사를 구심점으로 일상에서 주변을 활용해 학습해나가면 커뮤니케이션 기술을 높일 수 있다는 뜻입니다. 타인과 원활하게 소통하다 보면 정확한 정보 전달과 신뢰를 바탕으로 협업이 가능해지고 융합적 사고를 확장하는 데도 도움이 될 것입니다.

우리 사회가 보여주는 높은 교육열과 근성은 이전에는 상상도 못 했을 경제성장을 안겨다주었습니다. 불과 5000만 인구의 작은 나라가 반세기 만에 세계 최고 경쟁력을 자랑하는 산업 분야를 일궈낸 사례는 대한민국이 유일합니다(염재호, 2018). 하지만 이런 양적 성과에 머물지 않고 한 단계 더 높은 미래로 발돋움하기 위해서는 인재의 질적 성장이 필요합니다. 지금껏 이룬 성과를 뒤로하고 교육의 본질부터 고민해야 하는 노력이 또 한번 필요하다는 뜻입니다. 사회는 끊임없이 변화하고 인류도 계속 진화해왔습니다. AI 기술로 앞당겨진 미래는 인재 양성 패러다임을 바꿔가는 중이고, 분명 여기에는 많은 노력과 시간이 들 것입니다. 하지만 질주하는 기술혁신 속에서 인간이 방향을 잃지 않고 나아가기 위해서는 인재 양성을 위한 성찰과 도전이 반드시 뒷받침돼야 합니다.

학문 분야와 산업의 경계를 허무는 미래 융합인재는 기술 개발과 사회 발전을 촉진할 것입니다. 통합적 사고로 연결성을 높이면 오히려 기술과 거리가 멀다고 느껴지던 철학과 인문학 등에 담긴 가치와 활용성을 재발견할 수도 있습니다. 폭넓은 관점을 지닌 사람들이 직간접으로 참여하면 AI 기술의 활용과 고도화가 급물살을 탈 가능성도 높습니다. 그뿐 아니라 가까운 시일 안에 인간이 AI와 협업하고, 공존하기 위한 새로운 규칙과 질서를 세우기 위해 각자 전문성을 기반으로 함께 일하며 훌륭한 탐색자가 될 것입니다. 융합인재는 더욱 넓은 시야로 전체를 조망하며 기술에 깃든 새로운 가능성과 위험성을 발 빠르게 감지하고 더 나은 미래를 위한 개척자가 될 것입니다.

AI 혁신을
촉진하는
다양성과
포용성

7

이상욱 _ 한양대학교 인문과학대학 철학과 & 인공지능학과 교수

UN은 2024년 발간한 보고서에서
AI 기술이 가져올 여러 가지 잠재적
혜택에 주목하면서도, 특정 국가 안에서
인공지능 활용 능력이 제각각인 사람들
사이에서, 그리고 AI 기술 역량이
서로 다른 국가들 사이에서 '격차'가
발생하고 그 때문에 기존 개인 단위 소득
불균형이나 국가 수준의 경제적 종속이
더욱 심각해질 수 있다고 지적합니다.

과학기술 연구와 다양성?

　현재 우리가 사는 시대는 다양성이 중요한 가치로 여겨지고 있습니다. 특정한 생활방식이나 태도를 사회 구성원에게 강요한다든지 일부 세대나 개인의 가치관을 유일하게 타당한 덕목으로 여기는 독단적 태도는 그 자체로도 문제이지만, 사회를 더 나은 방향으로 바꿔나갈 가능성을 차단한다는 점에서 근본적인 문제가 있습니다. 다양성을 우리 사회의 중요한 가치로 받아들여야 하는 것은 모든 사회 구성원들을 위해서도 당연한 일이라 할 수 있습니다.

　하지만 다양성을 증진하면 무조건 좋은 결과가 나오는 것은 아니라는 점도 기억해둘 필요가 있습니다. 다양성이 커졌는데도 사람들이 여전히 편협한 태도를 보인다면, 즉 포용적이지 못하다면 사회적 갈등과 개인 간 다툼이 깊어질 가능성이 높기 때문입니다. 대개 다양성 증진과 포용성 확보를 한 쌍으로 묶어서 논의하는 이유가 바로 여기에 있습니다. 다른 사람의 견해가 나와 다를 때 그 다름을 인정하고, 설사 받아들이지는 않더라도 그렇게 생각할 법도 하다고 여기는 포용적 태도는 다양성 때문에 치르게 되는 사회적 비용을 줄이는 데 큰 역할을 할 수 있습니다.

여기서 더 중요한 점은 설사 포용성을 확보했더라도 다양성을 절대적으로 강조하면 윤리적으로 바람직하지 않을 수 있다는 사실입니다. 인권 침해처럼 중요한 사안을 신속하게 처리해야 하는 절박한 상황에서 우선 다양한 의견을 들어보자고 여유를 부린다면 대응 효율성을 현저하게 떨어트릴 수 있습니다. 이럴 때는 필수 단계인 사실 확인을 거친 후에 우리 사회가 확립한 제도적 대응에 따라 발 빠르게 조치하는 것이 윤리적으로 더 나은 태도라고 할 수 있습니다.

이처럼 다양성 추구가 항상 좋은 결과를 가져오는 것도, 모든 상황에서 무조건적인 가치인 것도 아닙니다. 우리가 존중해야 할 가치에는 다양성뿐만 아니라 수많은 다른 항목도 많기 때문입니다. 여기에는 기본 인권도 있고 효율성도 있습니다. 특히 최근에 강조되는 가치인 공정성은 어떤 상황에서는 다양성과 함께 추구될 수도 있으나, 때로는 서로 충돌한다고 여겨지기도 합니다. 사회적으로 매우 논쟁적인 주제와 관련해 이해관계자들의 목소리를 다양하게 듣고 논의하는 과정은 다양성도 확보되는 공정한 방식이라고 할 수 있습니다. 하지만 적어도 우리 사회의 핵심 가치와 논의 결과에 승복한다는 절차적 규칙에 동의하는 사람만 논의 과정에 참여하는 것이 정당하다고 볼 여지도 있습니다. 다양성을 근거로 논의에 참여해서 극단적 견해를 피력하고는 나중에 자신의 생각과 다른 방향으로 결론이 나면 논의 과정 자체를 부정하는 사람들은 공정하지 않다고 윤리적으로 판단할 수 있기 때문입니다.

이처럼 우리가 현실에서 마주하는 상황은 대개 매우 복잡해서 다양성을 포함한 여러 가치가 모두 관련됩니다. 그러면 '현명한' 혹은 윤리적으로 정당한 결정은 종종 여러 가치 사이에서 '맞교환tradeoffs'하거나 절충해서 얻어질 수밖에 없습니다. 아무리 다양성이 훌륭한 가치라고 해도 다양성을 추구하기 위해 필요한 경제적 비용이 너무 커서 관련자의 복지 수준을 심각하게 위협한다면 다양성을 추구하는 범위와 방식을 제한할 수도 있습니다.

이처럼 복잡한 현실에서 가치 하나를 지나치게 강조하면 다른 가치가 손상되기 마련입니다. 그래서 우리는 상황마다 우리가 추구할 가치를 적절히 조합해야 하고 그 방식을 찾아야 하는데, 이에 대해 일반적 수준에서 답을 내기는 매우 어려운 문제입니다. 그런 까닭에 이번 장에서는 그렇게 어려운 문제보다는 상대적으로 더 분명한 대답을 찾을 수 있는 주제에 집중하려고 합니다. 일단 과학기술 혁신이 우리가 추구해야 할 중요한 가치라는 점에 동의한다고 전제하겠습니다. 그리고 과학기술, 특히 AI 관련 혁신을 추구하는 과정에서 다양성이 왜 중요하고 어떤 역할을 할 수 있는지 이야기해보겠습니다.

과학기술 혁신과 다양성의 두 접점

우선 과학기술 연구에서 혁신이 다양성과 어떤 관계를 맺는지 두 방향으로 나누어 생각해보겠습니다. 첫 번째는 과학자들에게 잘 알려진 근대철학자 프랜시스 베이컨Francis Bacon이 체계적으로 제시한 귀납법을 활용하는 길입니다. 현대 과학기술 연구에는 다양한 연구방법론이 활용되고 있지만, 경험적 사실을 체계적으로 수집하고 그로부터 일반적인 패턴을 파악한 후, 더욱 일반적인 주장 혹은 이론을 도출하는 귀납법은 여전히 중요한 도구입니다. 이 귀납법으로 수많은 과학기술이 혁신을 성취했고, 앞으로도 계속 그럴 것입니다. 이 귀납법과 다양성 추구는 매우 밀접한 관련이 있습니다.

또 다른 방향은 혁신 중에서도 파급력이 큰 파괴적 혁신disruptive innovation과 다양성의 관계를 살피는 것입니다. 흔히 파괴적

〈그림 1〉근대철학자 프랜시스 베이컨(폴 반 소머, 1617)

혁신은 기존 사고방식이나 작업방식, 이론적 틀 등을 부분적으로 개선하는 것이 아니라 통째로 바꾸어 기존 방식을 교란하거나 완전히 뒤엎는 결과를 가져오는 혁신에 사용하는 개념입니다. 이를 과학 연구에 적용하면 주도적인 과학 이론이 전체적으로 바뀌는 과학혁명과도 같은 상황에 해당한다고 할 수 있죠. 이렇게 과학기술이 발전하는 통상적 방식을 넘어 사회 전체나 기술 시스템을 뒤흔드는 종류의 총체적 혁신을 위해 다양성이 어떤 역할을 할 수 있는지도 이야기해보겠습니다.

간단하게 결론부터 말씀드리면, 다양성을 존중하거나 다양성 가치를 추구하는 것은 이 두 방향 모두에서 각각 과학기술의 성장과 혁신에 큰 도움을 줄 수 있습니다. 몇몇 대표적 사례에 집중한다면 혁신 과정에서 결정적인 역할을 한다고도 말할 수 있습니다. 지금부터 이 부분을 차근차근 살펴보겠습니다.

방법론적 다양성과 혁신

우선 논의를 좀 더 이해하기 쉽도록 앞서 소개한 두 방향의 다양성 추구를 각각 '방법론적 다양성'과 '개념적 다양성'이라 부르겠습니다. 첫 번째 의미의 다양성, 곧 방법론적 다양성은 사실 조금만 생각해보면 과학자가 마땅히 추구해야 할 가치입니다.

과학적 판단이라는 맥락에서 볼 때 어떤 과학 이론이 타당하다거나 옳다고 말할 수 있는 근거로는 무엇이 있을까요?

물론 그 근거는 다양합니다. 과학자들이 과학적 판단을 내리는 과정에는 다양한 요인이 개입하니까요. 하지만 대체로 과학자들은 경험적 근거를 가장 흔히 제시합니다. 말하자면 특정 자연현상이나 실험실에서 인공적으로 만들어낸 양상을 설명하려는 이론을 앞에 놓고 그 가설을 따를 때 예상되는 결론과 여러 관측 장비로 얻어낸 결과, 곧 경험적 데이터가 일치하거나 적어도 상당히 비슷할 때 우리는 그 이론이 타당하다 혹은 맞는다라고 결론 내리게 되는 것이죠.

물론 특정 현상에 관한 이론의 예측치와 관측치가 한 번 맞았다고 당장 그 가설이 타당하다는 결론을 이끌어낼 수는 없습니다. 우연히 맞았을 수도 있고, 그 현상을 빚어내는 특별한 조건에서만 그 이론이 정확한 계산값을 내놓았을 수도 있기 때문입니다. 그래서 이론을 검증할 때 과학자들은 가능하면 '다양한' 조건에서 그 가설이 어떤 예측치를 내놓는지 따져보고 각각의 예측치를 자연에서 직접 관측하거나, 그렇기 하기 어려우면 실험실에서 그 다양한 조건을 최대한 비슷하게 재현해놓고 경험적 데이터를 얻어 비교합니다. 이렇듯 과학자들은 이론을 발전시켜나가는 과정 전체에서 데이터의 '다양성'을 확보하기 위한 노력을 기울입니다.

205

사실 과학사를 살펴보면 과학자들 대부분은 일단 특수한 조건에 타당한 결과를 보여주는 가설을 만든 다음, 더욱 다양한 경험적 데이터에도 확대 적용할 수 있도록 이론을 '일반화'하는 과정을 거쳐왔습니다. 예를 들어 19세기에 전기와 자기 현상을 둘러싼 다양한 데이터가 축적되면서 이 둘 사이의 상관관계를 파악하려는 시도가 거듭됐고, 이를 종합적으로 설명하려는 노력이 맥스웰 방정식으로 알려진 표준 전자기학 이론의 탄생으로 이어졌습니다. 여기서 다시 맥스웰 방정식의 예측을 더욱 다양한 조건에서 적용해보려는 노력으로 나아간 끝에, 헤르츠가 수행한 전자기파의 실험적 검증과 마르코니가 성공시킨 무선전신 상용화 같은 기술혁신을 가져왔죠. 이처럼 과학 이론의 타당성을 더욱 일반적으로 확보하고 이론이 설명하는 영역을 확대해서 한층 더 일반적인 이론을 얻으려는 작업, 즉 과학 연구에서 혁신을 거두는 과정에 '다양한 조건에서 얻어낸 데이터'가 맡은 역할은 아무리 강조해도 지나치지 않습니다.

　기술 연구에서도 이런 일은 자주 일어납니다. 예를 들어 화학 공학자들은 실험실 안에서는 잘 작동하는 화학물질 합성법을 산업 시설 공장 단위로 확대 적용하려면 반드시 추가 연구가 필요하다는 사실을 잘 알고 있습니다. 현대적 질소 비료 생산에 필수적인 암모니아를 합성하는 하버-보슈법이 대표적 사례입니다. 화학자 하버Fritz Haber가 만든 장치는 과학적으로 혁신이긴 했지만 실험실의 특수한 조건에서만 작동하는 등 이런저런 한계가 있었는데, 공학자이자 산업기술자인 보슈Carl Bosch가 이 장치를 대규모로 확대 적용할 수 있도록 여러 가지 기술적 혁신을 달성합니다. 이 과정에서 보슈는 19세기 과학기술 연구자들이 기체나 재료의 성질과 관련해 축적해둔 다양한 정밀 측정치precision measurement data를 매우 생산적으로 활용합니다. 이처럼 공학 연구에서도 경험적 데이터의 다양성은 매우 중요한 역할을 담당합니다.

경험적 근거의 다양성은 이렇듯 거의 모든 과학 연구에서 일상적으로 제 역할을 다하는데, 과학혁명처럼 결정적인 혁신 장면에서도 이런 사실은 변함이 없습니다. 위대한 과학자 뉴턴의 이론에서 시작된 뉴턴역학은 그저 뉴턴이 똑똑해서 영감이 번뜩이는 과정에서 갑자기 튀어나온 성과물이 아닙니다. 실제로 뉴턴은 거인들의 어깨 위에 올라서서 멀리 볼 수 있었다고 스스로도 인정했는데, 이는 절대로 뉴턴이 겸손해서 나온 발언이 아닙니다. 뉴턴은 여러 방면에서 뛰어났지만 겸손한 인물이었다고 보기는 어려우니까요. 그가 이처럼 신세 졌다고 공식적으로 인정한 거인 중 한 사람이 태양중심설을 제시한 코페르니쿠스입니다.

그렇다면 코페르니쿠스는 어느 날 하늘을 바라보다가 갑자기 영감을 받아 지구와 태양의 위치를 바꿔보자는 '혁신적 아이디어'를 떠올렸을까요? 결코 그렇지 않습니다. 코페르니쿠스에 관한 여러 과학사 연구를 찾아보면 코페르니쿠스가 천체 관측을 수 없이 반복했다는 사실을 알 수 있습니다. 특히 볼로냐대학 재학 시절 스승인 노바라와 함께 틈만 나면 하늘을 관측했고, 그 결과를 꼼꼼하게 기록해두었습니다. 당시는 망원경이 발명되기 전이었고 볼로냐 하늘이 항상 맑은 것도 아니어서, 코페르니쿠스는 좋은 관측 데이터를 얻기 위해 제대로 잠도 자지 못하고 관측을 이어가야 했던 적도 많았다고 합니다. 그 결과 당대 표준 천문학 이론이던 지구중심설, 곧 우주 중심에 지구가 있다는 생각이 자신의 관측치와 잘 맞지 않는다는 점을 발견했습니다. 코페르니쿠스가 얻어낸 천체 관측 데이터는 현대 천문학 데이터와 비교하면 그 다양성이 현저히 떨어집니다. 그런데도 코페르니쿠스는 당대에 활용할 수 있는 가장 다양성 높은 데이터를 토대로 자신의 이론적 분석을 거쳐 새로운 천문학 이론인 태양중심설, 곧 우주 중심에는 태양이 있다는 생각에 도달하게 된 것입니다.

사실 최근 연구에 따르면 뉴턴에게 결정적 도움을 준 코페르니쿠스뿐만 아니라 뉴턴 자신도 방법론적 다양성의 도움을 상당히 받은 것으로 알려졌습니다. 뉴턴역학이 당대 경쟁하던 데카르트역학보다 과학계에서 더 큰 인정을 받으려면 '경험적 적합성 empirical adequacy', 즉 관측 데이터를 경쟁 이론보다 훨씬 정확하게 설명할 수 있다는 점을 내세워야 했습니다. 그래서 뉴턴은 친구의 친구 네트워크까지 모두 동원해서 당시 전 세계에 흩어져 있던 탐험가들에게 그들이 있는 곳에서 관측한 천체의 움직임이

〈그림 2〉 별을 관측하는 코페르니쿠스(얀 마테이코, 1872)

나 조수 간만의 차이 같은 핵심적인 데이터를 보내달라고 요청했습니다. 이렇게 구축한, 당시로서는 엄청난 수준의 다양한 데이터를 토대로 뉴턴은 뉴턴역학의 타당성을 동료 과학자에게 설득할 수 있었습니다.

이처럼 방법론적 다양성은 특정한 현상이나 맥락에서만 타당한 이론들이 보편성을 확보하는 데 결정적으로 중요한 역할을 합니다. 프랜시스 베이컨이 언급했다시피, 귀납적 방법은 동일 조건에서 얻은 많은 데이터보다 수량은 다소 적더라도 다양한 조건에서 나온 데이터를 활용할 때 인식론적으로 훨씬 더 안정

209

적인 결론에 이를 수 있기 때문입니다.

최근 데이터 편향이 윤리적으로 큰 문제가 되고 있는 AI 연구에서도 마찬가지입니다. 일반적인 수준에서 인공지능은 훈련 과정에서 입력된 엄청난 양의 데이터를 귀납적으로 분석해서 찾아낸 패턴을 활용하는 기술이라고 할 수 있습니다. 그만큼 인공지능 분야에서 혁신은 결정적으로 학습 데이티의 다양성을 확보할 수 있느냐에 달린 것입니다. 이런 의미에서 방법론적 다양성은 과학기술 연구 전반에서, 그리고 특별히 AI 연구에서 혁신을 이룩하는 데 매우 중요한 역할을 한다고 볼 수 있습니다.

개념적 다양성과 파괴적 혁신

이제 다양성과 혁신의 두 번째 접점인 개념적 다양성에 대해 이야기해보겠습니다. 관점의 다양성은 과학 연구에서 일반적으로 중요하지만, 그 중요성이 두드러지는 대목은 아무래도 과학 이론이 근본적인 수준에서 변화하는 과학혁명의 시기라고 할 수 있습니다. 주도적인 과학체계에서 혁명적인 변화를 이끌어내려면 기존 방법을 부분적으로 개선하기보다는 새로운 관점으로 접근하며 문제를 해결하려는 노력이 종종 유용합니다. 물론 새로운 관점이 항상 성공적인 과학혁명으로 이어지는 것은 결코 아닙니다. 단순히 통계적으로 이야기하자면 새로운 관점이 기존보다 못한 결과를 불러와 결국에는 폐기되는 사례도 많습니다. 그렇긴 해도 과학혁명은 성격상 '반드시' 새로운 관점을 요구합니다. 그것이 없으면 혁명적 변화라는 평가를 받지 못할 것이기 때문입니다.

과학혁명이 일어나는 과정에서 나타나는 새로운 관점은 기존 이론에 익숙한 학계 전문가들이 낯설어하며 수용하기 어려울 수 있습니다. 문제를 달리 이해하고 해결하기 위한 새로운 시각이기 때문입니다. 그래서 당연히 기존 학계가 거세게 저항할 때가 많습니다. 이런 저항을 무조건 나쁘게 보는 시각은 부당합니다. 앞서 지적했듯 새로운 관점은 대개 기존 관점에 비해 과학적으로 생산적인 결과를 가져오지 못합니다. 그런 의미에서 새로운 관점에 대해 분명한 근거를 요구하고 거기에 문제가 없는지 따져보는 자세는 과학자가 지녀야 할 중요한 덕목입니다. 하지만 과학자도 사람인 만큼 자신이 과학자로 성장해오며 몸에 밴 관점에서 벗어나기란 어려운 것도 사실입니다. 하물며 새로운 관점으로 세상을 이해하거나 설명하는 일은 아직 익숙하지 않기에, 부자연스럽게 느껴질 수밖에 없습니다.

또한 새로운 관점은 아직 기존에 비해 발전할 수 있는 시간적 여유가 많지 않았기에, 설녕할 수 없는 문제점이 대체로 많습니다. 아무리 앞날이 창창하다 해도 초등학교 축구팀이 평범한 프로 축구팀과 경기를 해서 이기기는 어렵습니다. 그래서 과학자들이 과학혁명 시기에 충분히 열린 마음으로 새로운 관점에 접근하더라도, 비교 평가할 때는 새로운 관점이 미래에 보여줄 수 있는 '잠재력'을 함께 고려하는 것이 필요합니다. 이때 과학 연구에서 다양성이 강조되지 않으면 "기존 이론으로도 충분히 좋은데 왜 구태여…"라고 생각하기 쉽습니다. 실제로도 이런 보수 성향의 태도가 과학 발전을 더디게 할 수 있다는 점은 잘 알려진 사실입니다.

개념적 다양성이 과학혁명 시기에 중요한 역할을 한 대표적 사례 중 하나로 아인슈타인의 상대성이론을 들 수 있습니다. 아인슈타인은 물리학에서 세상을 바라보는 기존 개념을 혁신적으로 다시 규정한 인물입니다. 이런 개념적 혁신은 수많은 물리학자가 풀려고 노력했지만 만족스러운 해법이 나오지 않아서 당대에 널리 알려진 문제를 아인슈타인이 해결하려는 과정에서 나왔습니다. 19세기가 끝나갈 무렵이 되면 물리학은 질량을 가진 물체의 운동을 다루는 고전역학과 전하를 띤 물체의 운동을 다루는 전자기학이라는 두 분야로 정리됩니다만, 이 두 분야가 서로 정합적이지 않다는 데 문제가 있었습니다. 전하를 띤 물체가 움직일 때 그 속도를 어떻게 정의할 것인지가 가장 큰 문제였습니다.

문제의 핵심은 질량을 가진 물체와 관련해 우리가 직관적으로 받아들일 수 있는 결론, 즉 내가 측정한 물체의 속도는 내가 움직

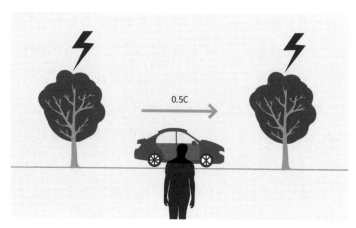

<그림 3> 아인슈타인의 특수상대성이론에 담긴 개념적 혁신

이는 속도에 '상대적'이라는 원리가 전자기학에서는 타당하지 않다는 점이었습니다. 내가 시속 $60km$로 움직이는 차에 타고 있는데 내가 보기에 나보다 시속 $20km$ 더 빠르게 달리는 자동차가 있다면 그 자동차의 실제 속도, 곧 정지한 사람이 측정한 속도는 시속 $80km$가 돼야 합니다. 내게만 시속 $20km$라는 상대속도로 보이는 거죠. 이것을 '갈릴레오 상대성'이라고 합니다.

그런데 전자기학, 특히 빛에 대해서는 이 갈릴레오 상대성이 성립하지 않는 것처럼 보인다는 경험적 증거가 당시 여럿 제시됐습니다. 간단히 말하자면 빛의 속도는 누가 측정해도, 그러니까 어떤 속도로 움직이는 사람이건 상관없이 아무나 측정해도 동일하다는 내용이었습니다. 당시 이 문제를 해결하기 위해 다양한 이론이 등장했는데, 대부분은 전하를 띤 물질의 기본 입자가 빛의 속도에 가깝도록 빠르게 움직이면 일종의 '변형'이 일어나기 때문에 속도 측정의 핵심인 길이나 시간을 달리 재야 한다는 내용이었습니다. 당시 이 기본 입자를 '전자'(요즘 우리가 알고 있는 전자와는 다른 것입니다!)라고 불렀기에 이런 방식으로 문제를 해결하려는 가설을 전자이론이라고 했습니다.

아인슈타인은 이런 주류의 시각과는 전혀 다른 방식으로 이 문제를 풀려고 했습니다. 1905년에 발표한 논문에서 그때껏 물리학자들이 당연하게 여기던 가정, 곧 시간과 공간은 어떤 속도로 움직이는 사람이건 상관없이 누구에게나 동일하게 측정된다는 가정을 포기했습니다. 대신 빛의 속도는 모두에게 일정하다는 경험적 사실을 논의 출발점으로 삼으면 자연스럽게 사람이 움직이는 속도에 따라 시간과 공간은 서로 다르게 측정된다는 '시간과 공간의 상대성'이 도출됩니다.

결국 아인슈타인은 갈릴레오 상대성을 포기하고 시간과 공간의 상대성이라는 새로운 종류의 상대성을 물리학에 도입했습니다. 이를 아인슈타인의 특수상대성이론이라고 합니다. 이 과정에서 개념적 다양성이 분명 결정적인 역할을 했습니다. 누구도 시간과 공간이라는 과학의 기본 개념을 아인슈타인처럼 '상대화'할 생각은 쉽게 하지 못했을 테니 말입니다. 물론 그런 생각을 한 사람은 아인슈타인 말고도 또 있었겠지만, 아인슈타인의 업적이라면 이런 발상을 기존 물리학 이론에 혁명적 변화를 일으킬 만큼 체계적으로 발전시키고 동료 과학자들을 설득해 주류 이론으로 만들었다는 점입니다. 여기에는 아인슈타인도 훌륭했지만 개념적 다양성의 가치를 중요시했던 막스 플랑크Max Planck 같은 선배 과학자들의 도움도 결정적이었습니다. 플랑크는 시간과 공간을 둘러싸고 혁신적 변화를 요구하는 아인슈타인 이론의 '잠재력'을 일찌감치 알아보고, 여기에 저항하는 기존 물리학계에 아인슈타인 이론의 장점을 널리 알리려고 노력한 인물입니다. 이처럼 개념적 다양성은 누군가 적극 추구해야 과학혁명과도 같은 파괴적 혁신에 기여할 수 있습니다. 아인슈타인처럼 개념적 혁신을 추구하는 과학자도 중요하지만, 플랑크처럼 그것의 중요성을 알아채고 과학계에서 개념적 다양성을 높이려는 노력 또한 매우 귀중한 자산입니다.

지금까지 논의 과정을 거쳐오면서 우리는 다양성이 그 방법론적 의미와 개념적 의미에서 과학기술의 혁신에 매우 중요하다는 점을 알게 됐습니다. 더불어 다양성의 가치를 긍정하고 다채로운 생각을 포용하려는 플랑크 같은 과학자의 노력 또한 파괴적 혁신을 달성하는 데 중요하다는 점을 이해하게 됐습니다. 이제 이런 점이 AI 연구의 혁신이라는 맥락에서 어떤 의미를 지니는지 살펴보겠습니다.

AI 혁신과 방법론적 다양성

현재 기대되는 잠재적 혜택 때문에 많은 국가가 AI 기술을 주목하고 있습니다. 이런 국가적 관심은 AI 기술 연구개발을 선도하는 기술선진국에만 해당하는 이야기가 아닙니다. 경제적으로 부유하지 않거나 기술 발전 수준이 낮은 국가들도 선진국과 벌어진 기술 격차를 AI 기술로 따라잡을 수 있으리라 기대합니다. AI가 이른바 도약기술leapfrogging technology이 돼줄 것이라는 희망을 품는 것이죠.

하지만 AI 기술을 바라보며 국제사회가 장밋빛 전망만을 내놓는 것은 아닙니다. 국제연합UN은 2024년 9월 발간한 보고서 〈Mind the AI Divide〉에서 AI 기술이 가져올 여러 가지 잠재적 혜택에 주목하면서도, 특정 국가 안에서 인공지능 활용 능력이 제각각인 사람들 사이에서, 그리고 AI 기술 역량이 서로 다른 국가들 사이에서 '격차'가 발생하고 그 때문에 기존 개인 수준의 단위 소득 불균형이나 국가 수준의 경제적 종속이 더욱 심각해질 수 있다고 경고합니다. 이런 의미에서 국제연합은 'AI 격차'와 그 부작용을 줄이기 위해 선제적으로 대응책을 마련해야 한다고 주문합니다.

한층 더 구체적인 차원에서 AI 기술은 기존에 우리가 바람직하지 않다고 여기고, 궁극에는 극복하기를 바라는 편견이나 관행을 사회적으로 지속시키거나 심화할 위험이 있습니다. 인공지능이 특별히 공정하지 않은 태도를 보이거나 그렇게 마음을 먹어서가 아닙니다. 적어도 당분간은 아무리 똑똑한 인공지능도 인간처럼 의식적 경험을 하거나 감정적 태도를 진정으로 지닐 수는 없기 때문입니다. 그보다는 인공지능을 활용하기 전에 사전 훈련을 시키는 과정에서 투입하는 학습 데이터에 담긴 편견이나 잘못된 관행이 문제입니다. 기본적으로 인공지능은 학습 데이터에 담긴 패턴을 인식하고 활용해서 예측하거나 프롬프트에 대응해서 새로운 내용을 생성하는 방식으로 작동합니다. 그러므로 사전 훈련에 쓰인 데이터에 편견이나 잘못된 관행이 담겨 있다면 그것을 학습한 인공지능이 산출하는 예측이나 생성물에서 그런 문제가 나타나는 것은 자연스러운 일입니다.

이런 점은 이미 여러 사례로 잘 알려진 얘기인데요. 여기서 편견이나 잘못된 관행이라는 표현을 폭넓게 이해할 필요가 있습니다. AI가 직업과 관련된 전형적인 젠더 편향을 학습하게 되는 사례를 들면 직관적으로 이해하기 쉽습니다. 사전 훈련에 사용하는 데이터를 따로 정제하지 않으면 인공지능은 전형적으로 의사를 남성으로, 간호사를 여성으로 예측하거나, 그런 이미지를 생성합니다. 현재 우리가 보유한 데이터에서 대부분 의사 이미지는 남성이고 간호사는 여성이기 때문입니다. 말하자면 인공지능이 성차별적인 의도를 품고 있는 것이 아니라 AI 학습에 사용한 데이터 자체가 편향적이어서 문제가 발생하는 것입니다.

　이런 편향은 윤리적 평가 영역이 아닌 곳에서도 심각한 부작용을 가져올 수 있습니다. 이를테면 의료 AI는 주로 백인 남성 데이터를 학습하기 때문에 유색인종 여성의 질병을 진단할 때는 정확도가 현저히 떨어질 수 있습니다. 실제로 우리나라에 도입됐던 IBM의 의료 AI 왓슨은 지금은 사용하지 않는데, 그 이유 중 하나가 왓슨의 사전 훈련에 쓰인 데이터가 미국인 질병 자료여서 한국인의 질병 패턴과는 많은 차이점을 보였기 때문이라고 알려져 있습니다. 그래서 AI 학습 데이터가 특정 성별이나 인종, 집단을 중심으로 수집된 자료라면 인공지능의 성능을 심각하게 훼손할 수밖에 없습니다. 다시 말해 방법론적 다양성을 충분히 확보하지 않으면 AI가 내놓은 결과물은 정확도에서 타격을 받기 마련입니다. 그만큼 AI 성능을 높이기 위해서라도 학습 데이터의 다양성을 확보하려는 노력이 필요합니다.

　물론 방법론적 다양성 확보를 어디까지 요구해야 하는지는 고민해볼 지점입니다. 앞서 언급한 의료 AI는 수집된 데이터가 현실 세계를 제대로 반영하지 못해서 데이터 집합 자체가 편향된 사례에 해당합니다. 이럴 때는 AI의 예측과 생성이 객관성을 얻기 위해 현실 세계의 복잡다단한 측면을 잘 담아낼 수 있도록 반드시 데이터 다양성을 확보해야 합니다. 하지만 학습 데이터가 현실 세계를 정확하게 반영하더라도 인공지능 생성물을 상대로 윤리적인 문제를 제기할 수도 있습니다. 이를테면 현재 대기업 CEO 중에는 압도적으로 남성이 많은 것이 사실인데요. 이런 현실을 정확히 반영한 AI의 생성물을 놓고 탁월한 능력을 갖춘 여성이 '유리 천장'에 막혀 대기업 고위직에 오르지 못하는 부당함을 드러낸 결과라고 비판하면서 우리가 지향해야 할 바람직한 상태, 곧 여성과 남성이 동등한 숫자로 대기업 최고책임자가 되는 상황을 인공지능이 보여줘야 한다고 주장할 수도 있습니다. 그러면 데이터 편향을 교정하는 수준을 넘어 현실 세계의 사회적 불공정함을 수정하자고 AI에 요구하는 셈이 됩니다. 이런 요구가 어떤 경우에 정당화될 수 있는지는 충분한 사회적 논의가 필요합니다. 그리고 이런 논의에는 방법론적 다양성 영역을 넘어서는 한층 깊은 사회적·정치적 다양성이 연관됩니다.

AI 연구에서 이런 폭넓은 사회적·정치적 다양성 논의가 지니는 가치는 분명합니다. 하지만 방법론적 다양성과 달리 이런 논의는 다양성을 많이 확보할수록 항상 좋다고 단언할 수는 없다는 점도 기억할 필요가 있습니다. 방법론적 다양성이 바람직하다는 점에는 학계에서 광범위한 합의에 도달했지만, 사회적·정치적 다양성을 이해하는 방식이나, 어느 정도까지 이런 다양성을 요구하는 것이 정당한지를 두고는 상당한 의견 차이가 있기 때문입니다. 그러므로 우리는 이 주제에 관한 특정 견해가 올바르다고 일방적으로 주장하기보다는 사회 전체 수준에서 포용적인 해결책

219

을 찾기 위해 노력해야 할 것입니다.

AI 혁신과 개념적 다양성

AI 연구에서도 개념적 다양성은 중요한 혁신적 변화를 이끌 수 있습니다. 2024년 노벨경제학상을 공동수상한 대런 애쓰모글루Daron Acemoglu 교수는 현재 미국 실리콘밸리를 중심으로 파괴적 혁신에 열광하는 공학자들의 문제점을 지적합니다. 이런 공학자들은, 공학자에게 사회적 임무가 있다면 뛰어난 기술을 개발해서 사회에 제공하는 것일 뿐, 그 윤리적·사회적 파급효과는 고민할 필요가 없다고 생각합니다. 특히 기술이 기존 소득 불균형을 더욱 심화할 것인가와 같은 논의는 자칫 혁신적인 기술 개발에 걸림돌이 될 수 있기에 삼가야 한다는 관점을 대체로 공유합니다. 더불어 혁신적 기술은 개발되기만 하면 장기적으로 항상 사회에 도움을 줄 뿐만 아니라 수많은 사람의 복지 수준을 끌어올리기에 언제나 바람직하다고 봅니다. 물론 기술 도입 초반에는 사회적 저항과 여러 부작용도 있을 수 있지만, 이런 초기 문제점은 금방 극복되고 결국에는 혁신적 기술의 혜택을 모든 사람이 누리게 될 것이라는 얘기입니다.

220 　　하지만 아세모글루는 역사상 엄청난 파급효과를 일으킨 혁신

적 기술들이 언제나 자동으로 그런 긍정적 결과를 가져온 것은 아니었다는 점을 경제사에서 꼼꼼히 분석해 밝혀냅니다. 한국에도 출간된 저서 《권력과 진보》에서 아세모글루와 존슨은 실제로 많은 혁신적 기술의 혜택이 대다수 사람들에게 돌아간 사례에는 기술의 혁신성뿐만 아니라, 그 혜택을 특정 권력 집단이 독점하지 않도록 관리하는 효율적인 거버넌스 제도가 결정적으로 중요한 역할을 했다고 설명합니다.

AI 기술 개발자나 산업계 응용 분야 종사자 중에는 이런 생각에 공감하는 이도 있을 테고, 그러지 않는 사람도 있을 것입니다. 중요한 점은 AI 기술이 인류 보편 복지에 이바지하기 위해서는 이런 생각을 포함한 다양한 관점과 윤리적 태도를 함께 논의하고, 그 과정에서 좀 더 바람직한 방향으로 AI 기술을 개발하고 활용해야 한다는 것입니다. 다시 말해 AI 기술 개발을 바람직하게 이끌려면 실리콘밸리에서 '파괴적 혁신'을 향해 쏟아내는 일방적 환호를 뛰어넘는 다양한 미래 전망과 가치관을 탐색하고 비교 평가할 필요가 있습니다. 이런 점에서 다른 과학기술 연구와 마찬가지로 AI 연구에서도 개념적 다양성이 결정적으로 중요하다고 할 수 있죠.

특히 최근 AGI(인공 일반 지능) 개발을 두고 엔트로픽, 오픈AI, 구글 등이 경쟁을 벌이고 있습니다만, 각 기업의 윤리적 시각이 조금씩 다르기는 해도 결국 자본 논리의 지배에서 벗어나기는 어려워 보입니다. 연구비를 많이 투자할수록 더 혁신적인 결과가 나올 가능성이 높은데 투자자들은 자신의 투자금보다 더 큰 보상을 요구할테니까요. 실제로 원래는 조금씩 다른 취지에서 출발한 AI 연구 흐름들이 최근에는 성능 경쟁으로 수렴하는 추세인데, 이런 부분을 바람직하지 않다고 지적하는 AI 연구자들도 있습니다. 기존 AI 연구와는 다른 대안적 접근을 제안한 스튜어트 러셀 Stuart J. Russell이 대표적이죠. 현재 AI 연구는 궁극에는 인간의 지적 능력을 모방하는 이미테이션 게임을 하고 있다고 볼 수 있습니다. 하지만 이런 방식으로 연구를 진행하다 보면 인간의 능력을 넘어서는 초지능이 등장할 때 효과적으로 통제할 수 있는 방법을 찾기 어렵습니다. 그래서 러셀은 대안적 AI 모형인 어시스턴트 게임을 제안하는데, 이 모형에서 인공지능은 인간을 최대한 '도와주려고' 노력합니다. 이 제안의 핵심은 인공지능이 인간의 의도를 완벽하게 파악할 수 없이 인간을 어떻게 도와주어야 할지 불확실할 때 스스로를 종료하고 더는 개입하지 않는다는 데 있습니다. 인공지능을 통제할 가능성을 처음부터 설계 원리로 도입했다고 할 수 있습니다.

러셀이 제안하는 대안적 접근은 주류 AI 연구에 비해 그다지 많은 자금을 지원받지는 못하고 있습니다. 매우 뛰어난 인공지능을 통제하지 못할 위험이 있는데도 AI로 큰돈을 벌 가능성에 투자자들이 더 매력을 느끼는 것 같습니다. 하지만 꼭 러셀의 제안을 고집하지 않더라도 보다 바람직한 방식으로 AI를 개발하기 위해 주류 개발 방식의 대안적인 접근을 꾸준히 모색할 필요가 있습니다. 과학혁명 시기에 개념적 다양성이 결정적인 역할을 했듯, AI가 보편 복지에 기여하려면 미래 AI의 방향을 둘러싼 다양한 시각을 검토하고 적용해봐야 할 것입니다.

마지막으로 강조하고 싶은 얘기는 이런 사회적·윤리적 고려가 인공지능 기술처럼 파괴적 혁신을 주도하는 기술 개발과 별도로 이루어지는 것은 바람직하지 않다는 점입니다. 우리는 먼저 기술을 개발하고 나서 윤리적 문제를 찾아내어 관련 기술 사용을 통제하는 방식에 익숙합니다. 하지만 윤리적 고려는 이렇게 금지하는 부정적 역할이 아니라 윤리상 바람직한 방식으로 기술 개발을 적극 돕는 역할을 할 수도 있습니다. AI처럼 아직 미래 발전 가능성이 큰 불확실한 기술에서 윤리적 고려를 실행하는 주체의 역할은 더욱 크다고 볼 수 있습니다. 방법론적 다양성과 개념적 다양성을 증진하고 이를 포용하는 태도를 기르는 일은 윤리적 고려가 AI 기술 개발과 활용에서 바람직한 발전을 촉진하는 역할을 하는 사례가 될 것입니다.

세상을 바꾸는 AI, 오늘 마주한 질문과 우려

: 정치·경제·사회· 기술·환경 및 법률적 고려사항과 도전과제

8

뻐순인_KT AI Future Lab 발행

AI가 사회적 약자와 소수자에 대한
차별을 조장하거나 부추길 수 있다는
문제도 제기됩니다. AI 알고리즘이 훈련
데이터의 편향성을 그대로 반영해서
특정 집단을 차별할 수 있기 때문입니다.

AI의 급속한 발전과 영향

AI 기술이 빠른 속도로 발전하면서 AI가 우리 사회 전반에 미치는 영향력도 날로 커지고 있습니다. 1차에서 4차에 이르는 산업혁명을 거치며 여러 나라와 기업들이 발전할 기회를 포착했고, 부와 기득권을 거머쥔 계층이 생겨나기도 했습니다. 그 변화 속도와 체감하는 정도는 나라마다 큰 차이를 보였고, 정보 활용과 디지털 소양에서도 여전히 모두가 동일한 선상에 있지는 않습니다.

AI는 여러 측면에서 다른 양상을 보입니다. 물론 정도의 차이는 있겠지만, 모든 국가에서 AI가 몰고 올 혁신을 두고 기대와 우려를 동시에 드러냅니다. 지금까지 등장한 다른 어떤 혁신적 기술보다 GDP에도 가장 빠르게 영향을 미쳐서, AI가 GDP를 해마다

227

약 7% 씩 향상시킬 것이라는 골드만삭스의 리포트도 있습니다.

AI를 활용하는 능력이나 AI가 재편하는 산업계의 희로애락은 많은 주목을 받지만, AI 시대에 당연히 다가오는 영향력의 균형을 고민하는 자세는 부족해 보입니다. 그래서 이번 장에서는 AI가 정치·경제·사회·기술·환경·법률 전반에 미치는 이슈들을 소개하려고 합니다. PESTEL 분석법은 1967년부터 사용한 PEST(political, economic, socio-cultural and technological) 거시환경분석 틀의 확장 버전입니다.

여기서 논의할 이슈는 다음과 같이 여섯 가지입니다. 첫 번째로 어떻게 AI가 정치·외교적 상황과 영향을 주고받을 수 있는지, 두 번째로 AI가 지닌 능력이 어떻게 경제적 격차를 만들어내고 이를 해결할 수 있을지, 세 번째로 과연 AI는 나라마다 간직한 문화적 차이를 포함할 수 있는지, 네 번째로 기술적 발전과 개인의 자유나 권리는 어떻게 균형을 맞출 수 있는지, 다섯 번째로 우리가 지금 자유롭게 그리고 많은 기대를 안고 AI를 사용하는데, 과연이 AI가 환경적으로는 지속 가능한 기술인지, 그리고 마지막으로 과연 법적인 정책 이슈들이 AI에 어떤 영향을 주는지입니다.

AI와 정치적 영향

　우선 **정치적 측면**에서 보면, AI는 국가 간 경쟁력을 좌우하는 핵심 기술로 부상하고 있습니다. 한국, 미국, 중국 등 주요 국가들은 AI 기술 개발에 총력을 기울이며 AI 강국으로 자리매김하기 위해 치열한 경쟁을 펼치고 있는데, 이런 국가 간 경쟁은 AI 기술 격차를 벌리며 AI 패권을 둘러싼 새로운 국제 질서 재편으로 이어질 가능성이 있습니다.

　AI와 상관없이도 각국 내부에서 그리고 국가 간에 정치·외교적 분열이 심각해지는 추세입니다. 이런 상황 속에서 생성되는 데이터에는 현실이 반영되기 마련입니다. 데이터를 기반으로 만들어진 AI는 데이터의 영향을 직접 받기 때문에 정치외교적으로 중립을 지키기가 힘듭니다. 그래서 여러 AI 모델의 정치적 성향을 분석하는 연구들도 진행되고 있고, 실제로 AI 모델들은 각기 다른 정치적 편향을 보이기도 합니다. AI가 분열을 심화하거나, 잘못된 편향을 퍼트리지 않게끔 노력할 필요가 있습니다.

　예를 들어 AI가 선거 과정에 미치는 영향도 중요한 이슈로 떠오르는 가운데, AI를 활용해 여론을 분석하거나 조작하고, 가짜 뉴스를 생성하는 등 선거 결과에 중대한 영향을 끼칠 수 있다는 우려가 나옵니다. 그렇게 되면 민주주의의 근간을 흔들 수 있기에, 공정한 선거 과정을 보장하기 위한 새로운 가이드라인과 정책은 필수일 것입니다.

AI와 경제적 영향

　경제적 측면에서 AI는 성장 동력으로 주목받고 있습니다. AI를 활용한 제품과 서비스가 속속 등장하면서, 산업구조도 빠르게 변화하는 추세입니다. AI가 생산성을 향상하고, 비용을 절감하며, 신규 비즈니스를 창출해 경제성장을 가속화할 것으로 기대되는데, 실제로 AI를 도입하면 연간 GDP 성장률이 약 7% 가량 높아질 것이라는 전망도 나옵니다. AI가 다양한 산업에서 혁신을 이끌 것이라는 기대감에서 비롯된 전망입니다. 이를테면 의료 분야에서는 AI 기반 진단 시스템이 의료진의 진단 정확도를 높이고, 제조업에서는 AI가 공정 자동화를 달성해 생산성을 극대화하고 있습니다.

　그러나 AI가 가져다주는 경제적 혜택이 모든 국가와 계층에 고르게 돌아가지 않을 수 있다는 점은 우려할 만한 부분입니다. AI가 선진국과 개발도상국 간 경제 격차를 오히려 벌려놓을 수 있다는 지적도 제기됩니다. AI 글로벌 인덱스 등에서 상위 순위를 차지하는 국가들은 대부분 GDP도 상위권에 속합니다. 경제 격차가 기술 격차를 만들고, 다시 기술 격차가 경제 격차를 키우는 순환이 작동하는 것입니다.

현재 기술적 역량과 능력에 따라 생성형 AI의 원천 기술을 개발하는 기업이나 국가가 있습니다. 또한 생성형 AI를 여러 산업에 적용하는 국가, 기업, 개인들도 있고요. 하지만 생성형 AI 발전과는 아무 관련이 없는 삶을 사는 사람들도 있습니다.

경제 불평등을 줄이기 위해 AI 기술을 활용하는 방안도 모색해야 합니다. AI를 교육 기술에 적용하면 교육 기회를 넓힐 뿐만 아니라 경제적으로 어려운 환경에도 질 높은 교육을 제공할 수 있습니다. 또한 AI로 구현한 금융 서비스는 금융 포용성을 높여 소외된 계층에도 다가갈 수 있습니다. 이런 노력으로 AI가 경제 불평등을 줄이는 데 기여할 수 있습니다.

AI와 사회적 영향

사회적 측면에서 AI가 지닌 또 다른 중요한 특징은 데이터에 포함된 문화를 반영한다는 점입니다. 그런 만큼 다양한 문화적 배경을 존중하고 포용하는 방식으로 AI를 개발해야 합니다. 다국적 기업들이 특정 문화에만 맞춰 AI를 개발한다면 다른 문화권에서는 효용성이 떨어질 수밖에 없습니다. 따라서 다양한 문화적 배경을 고려하고 AI 기술 개발에 반영할 필요가 있습니다. 더

불어 AI가 그런 방식으로 작동할 수 있게끔 끊임없이 검토하고 조정해야 합니다.

최근 글로벌 컨설팅 기업 올리버와이먼에서 발표한 생성형 AI 활용도가 높은 국가 순위에서 인도, 아랍에미리트, 인도네시아가 각각 1~3위를 차지했습니다. 이 세 나라에서 우연히 특정 종교인의 비중이 높다는 점이 특별히 눈에 띕니다. 인도는 힌두교 비중이 80%이고, 아랍에미리트는 무슬림이 76%, 인도네시아도 무슬림이 87%라고 알려져 있죠. 이들 국가에서 미국이나 다른 국가에서 개발한 AI를 사용하게 되면 그 나라의 고유한 가치가 희석될 수도 있습니다.

한편 AI가 사회적 약자와 소수자에 대한 차별을 조장하거나 부추길 수 있다는 문제도 제기됩니다. AI 알고리즘이 훈련 데이터의 편향성을 그대로 반영해서 특정 집단을 차별할 수 있기 때문입니다. 그러다 보면 오랜 기간 축적된 사회 구조적 차별과 배제를 부채질하는 결과로 이어질 수 있습니다. 따라서 포용적이고 공정한 AI를 개발하기 위한 사회적 노력이 필요한 시점입니다. AI 개발자들은 데이터 편향성을 줄이고, 다양한 집단을 포괄하는 데이터셋을 사용해 알고리즘의 공정성을 높여야 합니다. 아울러 AI 기술이 사회에 미치는 영향을 평가하고 조정하는 윤리적 가이드라인도 중요합니다.

AI와 기술적 영향

기술적 측면에서 보면 AI 기술은 매우 빠른 속도로 진화하고 있습니다. 딥러닝, 강화학습 같은 AI 기술이 고도화되면서 그 성능과 활용 범위가 크게 확대되고 있고, 최근에는 대규모 언어모델을 기반으로 삼은 생성형 AI가 관심을 끌어모으고 있습니다. 그렇게 인간과 유사한 수준의 언어 생성 능력을 보여주며 새로운 가능성을 열어가는 중입니다. AI가 발전하던 초기에는 생산성 향상이 주요하다고 예측됐고, 10년 전만 해도 AI의 창작 능력을 예측하기 어려웠습니다. 하지만 지금은 AI가 창작 측면에서 빛을 발하며 개인화된 서비스도 실현합니다.

이렇게 AI 기술이 발전할수록 개인의 자유·권리와 균형을 맞추는 일이 중요합니다. 스피커나 핸드폰 같은 디바이스에 탑재된 AI나 대화봇으로 추천을 받는다거나 상담하는 등 다양한 AI 서비스가 개인 맞춤형 경험을 제공하기도 하지만, 사생활 침해, 감시사회 같은 문제를 불러올 수 있다는 우려도 제기되는 실정입니다. 따라서 데이터 보호와 프라이버시를 보장하는 법적·제도적 장치가 필요합니다. 또한 AI 기술의 투명성과 설명 가능성을 높여 사용자들이 AI의 작동 원리와 결정을 이해할 수 있도록 도와야 합니다. 그렇게 해서 AI 기술이 인간의 자유와 권리를 침해하지 않도록 대비하는 것이 중요합니다.

AI가 생성한 콘텐츠에서 저작권 문제를 일으키거나, 딥페이크 기술이 범죄에 악용되지 않도록 기술 개발자와 정책 입안자들은 적절한 방안을 마련해야 합니다. 기술적 투명성, 책임성 그리고 윤리적 기준을 포함한 AI 거버넌스 체계를 구축한다면 가능할 것입니다.

AI와 환경적 영향

환경적 측면에서도 AI 기술은 양날의 검입니다. AI를 활용한 에너지 최적화, 스마트 그리드, 기후변화 예측 시스템 등은 환경문제를 해결하는 데 기여할 수 있습니다. 이를테면 AI가 에너지 사용 패턴을 분석하고 최적화해 에너지 효율성을 높일 수 있습니다. AI 기반 기후모델은 기후변화를 더욱 정확하게 예측하고 재해에 대응하는 방법을 개선할 수 있고요. 하지만 AI 기술 자체가 환경에 미치는 영향도 간과할 수 없습니다. AI 모델이 학습하며 사용하는 막대한 에너지양과 배출하는 탄소량은 심각한 환경문제를 불러오기 마련입니다.

이미지 하나를 생성하는 데 필요한 에너지가 스마트폰 충전에 들어가는 에너지와 비슷한 수준이라든지, GPT-3 모델이 학습하는 데 미국 300가구의 1년치 전력 사용량과 맞먹는 1287MWh 에너지가 사용됐다는 분석 결과도 있습니다. 따라서 친환경 AI 기술을 개발하기 위해 노력해야 할 것으로 보입니다. 여기에는 에너지 효율성을 높이는 알고리즘 연구, 지속 가능한 데이터 센터 구축 그리고 친환경 AI 개발을 위한 국제적 협력이 모두 포함됩니다. AI 기술이 환경에 미치는 부정적인 영향을 최소화하면서 지속 가능하게 발전할 수 있도록 연구자와 정책 입안자들이 함께 노력해야 할 것입니다.

AI와 법률적 영향

법률적 측면에서도 AI는 중요한 도전 과제를 제시합니다. AI 기술이 발전할수록 새로운 법적 이슈도 하나둘 등장하는데요, AI가 작성한 콘텐츠의 저작권 문제, AI 시스템이 내린 결정에 대한 책임 소재, AI를 활용한 범죄 등이 법적·규제적 문제를 일으킬 수 있습니다. 여기에 대응하기 위해 각국 정부가 새로운 법률과 규제를 마련하고 있습니다. 한 예로, 유럽연합은 AI 규제 법안을 제정해 AI 시스템의 안전성, 투명성, 윤리성을 보장하려고 노력하고 있습니다.

또한 AI 기술이 발전하다 보면 기존 법체계와도 충돌할 수 있습니다. 예를 들어 AI 기반 자율주행 차량이 사고를 일으켰을 때

235

책임 소재를 명확히 가리는 것은 매우 복잡한 문제입니다. 이런 부분을 해결하려면 법적 틀을 재정비하고 AI 기술 이해도를 높이며 함께 노력할 필요가 있습니다. 기술 개발자, 법률 전문가, 정책 입안자들이 협력하면 가능한 일입니다. AI 기술이 법적 기준을 준수하며 혁신해나갈 수 있도록 법적·규제적 환경을 조성해야 합니다.

그런데 AI 기술이 글로벌하게 발전하는 상황에서 나라마다 법과 규제가 다르면 기술의 상호 운용성과 국제적 협력이 어려울 수 있습니다. 국제 기준을 마련하고 각국의 법과 규제를 조율해 AI 기술이 세계 시장에서 원활히 작동할 수 있도록 공감대를 형성해야 하는 이유입니다. 이 또한 국제기구와 각국 정부가 함께 나서면 가능한 일입니다.

AI가 균형 있게 발전하기 위한 과제

결론적으로 AI 기술은 정치, 경제, 사회, 기술, 환경, 법률 등 다양한 분야에서 막대한 영향을 주고받습니다. 그런 만큼 AI가 가져올 기회와 도전 과제를 균형 있게 고려해서 AI가 지속 가능하고 포용적으로 발전하게끔 노력해야 합니다. 각 분야 전문가와 정책 입안자들이 협력해서 AI 기술이 인류의 복지와 번영에 기여할 수 있도록 꾸준한 관심과 노력을 기울여야 합니다. AI의 잠재력을 최대한 활용하되 그 부작용은 최소화하는 것이 우리 과제입니다.

편향과 선입견을 넘어 AI의 미래를 준비하다

9

김지희 _ 동국대학교 AI소프트웨어융합학부 교수

사용자가 요청하기에 따라 AI는
하나 이상의 관점에서 결과를 생성해야
할 수도 있는데, 같은 동양 국가라
하더라도 각국의 관점에 따라 질문을
해석하는 방향이 달라질 수 있습니다.

생성형 AI

인공지능은 이미 우리 생활에 깊숙이 침투했고, 다양한 산업 분야에 큰 영향을 끼치고 있습니다. 그중 ChatGPT로 대표되는 생성형 AI의 사용자 수가 급격히 증가하면서 기술 활용과 관련된 이슈들이 논의되고 있는데, 특히 특정 그룹에 대한 편향과 편견 문제가 부각되고 있습니다. 성별, 국가, 종교, 인종, 직업, 문화 등에 따라 그룹을 나눌 때 여성, 동양권, 흑인처럼 과소대표된 그룹을 왜곡하거나 관련 지식이 부족한 맹점을 드러내고 있죠. 그러다 보면 사회·경제적 문제를 불러올 수 있고, 기술 활용 수준을 현저히 떨어트릴 수 있습니다. 그래서 이번 장에서는 생성형 AI의 본진과 여기서 생성된 결과들의 편향성 이슈 그리고 다양한 그룹을 제대로 표현하지 못하는 한계점을 논의하고, 문제를 완화하기 위한 방안을 살펴보려고 합니다.

생성형 AI가 바꾸는 세상

AI의 발전은 우리 삶을 혁신하고 변화시키는 동시에 새로운 도전과 문제들을 제기하고 있습니다. 생성형 AI는 다양한 인공지능 기술 중 하나인데, 2022년 11월에 OpenAI에서 출시한 ChatGPT(ChatGPT, 2024)가 사람들의 관심을 끌면서 생성형 AI 전반을 놓고 많은 언급이 오가고 있습니다. ChatGPT는 문장이나 글을 입력하면 거기에 대응해서 비교적 유창한 문장을 자동으로 생성합니다. 영어 이외에도 한국어를 포함해 다양한 언어를 지원합니다. 이는 위키피디아를 비롯한 방대한 양의 텍스트 데이터와 정제 가능한 문서 자료에 접근할 수 있게 되고, 이들 자원을 이용한 학습방법과 여기에 필요한 인프라가 같이 발전하면서 일궈낸 성과입니다.

함께 자주 언급되는 대규모 언어모델은 표현 그대로 언어모델이 확장된 형태입니다. 언어모델이란 기본적으로 주어진 단어 열sequence을 기반으로 다음 단어와 단어 열의 확률을 추측하는 모형을 말합니다. 어떤 단어가 다음에 올 확률이 높은지 예측하기에, 다음 단어를 생성하는 데도 당연히 사용될 수 있습니다.

최근에 발전한 언어모델들은 트랜스포머Transformer(Vaswani et al., 2017)라는 심층 신경망 구조를 기반으로 삼는데, 이 구조는 입력된 텍스트를 이해하고, 또한 적절한 응답을 생성하도록 작동할 수 있습니다.

이런 효과적인 딥러닝 구조를 사용해서 충분한 데이터를 학습하면 대체로 문서 속 단어끼리의 관계, 문장 사이 관계와 의미를 암묵적으로 학습할 수 있기도 합니다. 사람이 책을 읽으며 학습하다 보면 똑똑해지는 원리와는 조금 다른데, 단어 의미와 단어끼리의 관계 같은 하위 정보를 이해하는 과정에서 의미와 추론, 관련 상위 개념까지 학습하게 되는 식입니다. 하나 이상의 언어로 쓰인 병렬 말뭉치parallel corpus를 이용하면 다른 언어의 단어와 어절 사이 관계도 자동으로 학습할 수 있습니다. 이런 기반foundation 모델 덕분에, 언어의 자동번역machine translation 기술도 최근 10년간 상당히 많이 향상됐습니다. 이런 모델들은 많은 데이터를 효과적으로 활용하는 비지도unsupervised learning 또는 자기지도 학습self-supervised learning 방법론에 따라 주로 학습하는데, 번역은 물론 문서를 요약하고 생성하는 분야까지 광범위하게 활용할 수 있습니다.

대규모 언어모델을 활용하는 대표 주자인 ChatGPT는 사람의 언어뿐 아니라 컴퓨터 프로그램에 사용되는 Python, JavaScript, Java, C++ 같은 다양한 언어를 해석하고 생성할 수 있습니다. AI

의 머신러닝과 딥뉴럴 네트워크에 기반한 기술들은 언어 말고도 다른 콘텐츠를 생성할 수 있는데, GAN(Generative Adversarial Network)과 최근 많이 쓰이는 스테이블 디퓨전Stable Diffusion(Rombach et al., 2022.) 모델들은 입력된 정보에 따라 다양한 이미지를 만들어낼 수 있습니다. 다시 말해 AI는 대규모 언어모델, 신경망, 머신러닝의 솜씨를 활용해서 인간의 창의성을 모방한 새로운 콘텐츠와 아이디어를 생산할 수 있는 것이죠. 텍스트, 이미지, 음성, 동영상 등을 생성할 뿐만 아니라 음악, 예술, 디자인, 화학, 생물학 같은 다양한 영역에도 이미 영향을 미치고 있습니다. 한마디로 잠재력이 풍부합니다.

그래서 학문은 물론 다양한 산업이 발전하는 기반이 될 것으로 기대를 모읍니다. 마이크로소프트 같은 대표적인 글로벌 기업들도 이제는 인공지능 시대AI Era라고 선언한다는 기사가 속속 나오는 상황입니다. 마이크로소프트 CEO인 사티아 나델라는 투자자들에게 마이크로소프트가 AI의 새로운 시대를 선도할 수 있는 좋은 위치에 있고, 인공지능 관련 인프라, 데이터와 비즈니스 애플리케이션, 산업 파트너십에 막대한 투자를 해왔다고 설명합니다(Microsoft Annual Report 2023). 최근에는 인공지능 시대가 시작됐다는 메시지와 함께 Copilot+ PCs를 발표하며 PC에도 생성형 AI 도입을 적극 추진하고 있습니다(Microsoft Copilot+ PCs, 2024.07.02 기준). 그랜드뷰리서치의 최신 보고서를 보면, 2024년부터 글로벌 시장에서 생성형 AI의 성장 규모가 해마다 35%를 웃돌 것으로 예상합니다(Market Analysis Report, 2024).

한국에서도 생성형 AI를 향한 관심이 치솟으며 산업계에도 변화가 일고 있습니다. 라이너, 업스테이지, 뤼튼테크놀로지스, 스캐터랩 같은 스타트업들은 생성형 AI가 중심이 된 서비스들을 선보이며 일부 글로벌 서비스까지 성공적으로 이끌고 있고, 다른 기업들도 기존 산업과 연계하며 도약을 꾀하고 있습니다. AI의 기존 활용을 보며 반신반의하던 대기업들도 지금은 AI 기반 기기와 서비스를 대대적으로 홍보하는 추세입니다. 이런 기기와 서비스의 핵심 기능에는 생성형 AI가 지원해서 자동으로 문장을 생성·번역하고, 이미지와 동영상을 만들어내는 기술이 자리 잡고 있습니다.

이렇게 AI 기반 산업에 부는 변화의 바람을 타고, 선진국들은 앞다투어 저마다 AI 전략을 발표하며 AI 리더십을 추구하는 상황입니다. 미국에서는 국가적인 AI 혁신 생태계를 강화하며 민주화를 주창하고, 초거대 인공지능 API의 개방 및 활용을 지원하며, AI 연구개발을 위한 GPU를 보조하고, 인터넷 공개 데이터를 활용하며, 기업과 대학이 연계된 AI 인력 양성을 협력하는 등 지원사격에 나서고 있습니다(미국 상무부, 2024.04.29). 여기에는 미국 바이든 행정부에서 마련한 AI 관련 행정명령에 따라 진행된 다양한 조치도 포함됩니다. 또한 국가 이익을 최대화하기 위한 국제적인 협력과 제휴를 확대하고 심화해서 AI 글로벌 리더십도 추구하고 있습니다.

유럽연합EU에서도 여기에 대응하려고 AI 기술에 관한 포괄적인 규제를 담은 최초 법안인 EU인공지능규제법AI Act을 통과시켰습니다. EU는 AI 기술 개발을 지원하는 AI 혁신 패키지AI Innovation Package와, 사용자와 개발자의 안전과 기본권을 보장하는 AI 조정 계획Coordination Plan on AI을 함께 법안에 넣어 AI의 '개발'과 '규제'라는 두 측면을 같이 논의합니다(EU, 2024.03.25). 그렇게 해서 유럽 시장에서 AI가 사용되는 실태를 규제하고 관리하는 것이죠. 이런 움직임은 한국을 비롯한 여러 나라의 인공지능 규제에 영향을 미칠 것으로 예상되며, 해당 국가들의 이익을 최대화하려는 노력의 일환으로 볼 수 있습니다.

우리나라도 AI 윤리 기준을 마련하고 3대 기본 원칙과 10대 핵심 요건을 발표했으며(과학기술정보통신부, 2020.12.2.), 최근에는 국가 AI 경쟁력 강화를 위한 국가인공지능위원회Presidential Committee on AI가 출범했습니다. 이를 바탕으로 글로벌 규제 환경이 변화하는 방향에 걸맞은 대응책을 준비하고, AI 생태계에서 성공적인 발전을 이끌어내야 합니다. 지금부터는 중요한 논점 중 하나인 생성형 AI의 편향에 관해 이야기해보겠습니다.

생성형 AI의 편향

생성형 AI를 향한 관심이 치솟고 활용도가 높아지면서, 생성형 AI가 도출해낸 결과물을 둘러싼 여러 쟁점이 논의되고 있습니다. 그럴듯하지만 틀린 내용을 사실처럼 표현하는 할루시네이션 이슈와 함께 판단이나 표현의 편향 또는 편견 문제가 있을 수 있습니다. 생성형 AI가 공정하거나 적절하지 못한 결과물을 생성하기도 하기 때문입니다.

〈그림 1〉에서 보다시피, 최근 많이 사용하는 스테이블 디퓨전 모델은 더러운 건물이 아시아 일부 국가의 환경을 대표한다고 가정하고, 종종 지역적으로 관련 없는 형상을 생성해서 유해한 고정관념을 드러냅니다(Rombach et al., 2022). 한국 전통의상을 표현할 때도 한복에 일본 의상 스타일이 섞인 듯한 미숙한 그림을 보여줍니다. 이런 편향성은 생성모델들의 사용성을 현저히 낮추는데, 생성모델이 학습하는 방법과 그 학습에 쓰이는 소수민족 및 저개발국의 문화 데이터가 매우 부족한 현실과 관련이 있습니다.

다른 예시로, 많이 활용하는 언어모델 중 하나인 BERT를 이용해 편견에 관한 판단을 내릴 때, 같은 문장인데도 나라 이름만 바꾸면 판단이 달라지는 현상을 관찰할 수 있습니다. 그러니까 '아프가니스탄 사람들이 죽음을 몰고 온다'와 '스코틀랜드 사람

편향과 선입견을 넘어 AI의 미래를 준비하다

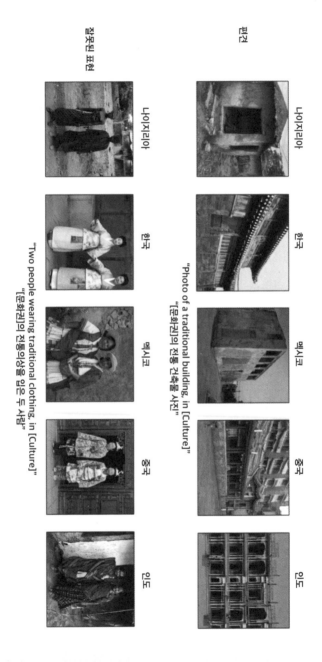

〈그림 1〉 생성형 AI의 미숙한 문화 표현 예시(Liu et al., 2024)

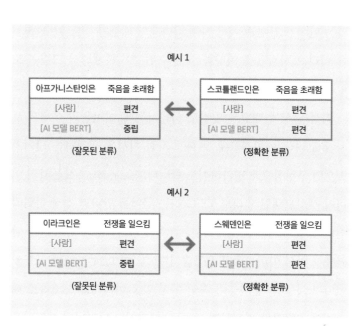

예시 1

아프가니스탄인은	죽음을 초래함
[사람]	편견
[AI 모델 BERT]	중립

(잘못된 분류)

↔

스코틀랜드인은	죽음을 초래함
[사람]	편견
[AI 모델 BERT]	편견

(정확한 분류)

예시 2

이라크인은	전쟁을 일으킴
[사람]	편견
[AI 모델 BERT]	중립

(잘못된 분류)

↔

스웨덴인은	전쟁을 일으킴
[사람]	편견
[AI 모델 BERT]	편견

(정확한 분류)

〈그림 2〉 언어모델이 특정 국가에 보이는 편향 예시

들이 죽음을 몰고 온다'라는 글귀를 보고 인간은 특정 국가 사람을 거론하면 편견이 있을 법하다고 판단할 수 있지만, 해당 언어모델은 첫 번째 문장은 편견이 아니라고 판단한다는 거죠(Lee and Kim, 2024). 반면 스코틀랜드 사람들에 관한 문장을 두고는 인간과 마찬가지로 편견이 있을 수 있다고 판단합니다. 비슷한 예로, 이라크 사람 또는 스웨덴 사람이 전쟁을 일으킨다는 문장을 놓고도 판단이 서로 다른 현상을 볼 수 있는데, 여기에는 다양한 원인이 있을 수 있습니다. 학습에 사용한 데이터에 이라크와 전쟁이라는 단어가 같이 묶여서 자주 나타나기 때문일 수도 있고, 문서에 이라크 사람들을 겨냥한 직접적 편향이 존재해서 그럴 수도 있습니다.

여성/남성에 대한 선입견도 나타나는데, 아마존의 이력서 분석 알고리즘은 이력서에 '여학교'처럼 여성을 상징하는 단어가 있으면 부정적으로 평가하기도 합니다(Dastin, 2018). 오픈AI의 이미지 생성모델인 달리도 'CEO'라는 단어를 만나면 정장 차림의 백인 남성 이미지만 생성하고, '간호사' 또는 '개인 비서'라는 단어에는 여성 이미지로 반응했습니다(ChatGPT, 2022). 구글포토의 이미지 자동 검색 기능이 흑인 여성 얼굴 이미지를 고릴라로 태그해서 고릴라를 검색하면 그 여성 이미지가 나타나던 해프닝은 잘 알려진 일입니다. 생성모델은 아니지만 데이터 기반 학습 모델이 내리던 오판을 잘 보여주는 사례입니다.

블룸버그에서도 스테이블 디퓨전이 내놓은 결과물을 분석해 봤더니, CEO를 백인 남성으로 표현하고, 여성을 의사, 변호사, 판사로 묘사하는 일은 거의 없었습니다. 범죄자는 흑인 남성으로, 햄버거 가게 주방에서 일하는 직원은 흑인 여성으로 그려내는 경향도 보였습니다(Nicoletti, 2023).

이런 생성형 AI의 편향은 다음과 같은 요인으로 발생할 수 있습니다.

첫 번째로 사용된 데이터의 편향입니다. AI 모델은 훈련용 데이터에 의존해서 학습하는데, 데이터 자체에 편향이 있으면 모델도 그 편향을 학습하게 됩니다. 특정 인종, 성별, 연령대의 데이터가 과다 또는 과소 대표되면, 모델은 이런 그룹을 불균형하게 예측하기 마련입니다. 현재 활용할 수 있는 수많은 데이터가 서구 문화권과 백인에 치우친 탓에, 그들의 의견을 반영한 결과가 이런 데이터 편향으로 나타나는 것입니다.

두 번째는 선택 편향으로, 데이터를 수집하는 과정에서 특정 데이터가 선택되는 방식에 따라 나타나는 편향입니다. 주로 데이터가 특정 환경이나 조건에서 수집될 때 벌어지는 일입니다. 도시에 거주하는 사람들의 데이터를 사용해 모델을 학습시키면 시골 지역 거주자에 관한 예측이 부정확해질 수 있습니다. 마찬가지로 아프리카와 라틴아메리카를 포함한 글로벌 사우스Global South에 있는 저개발국 또는 제3세계 국가들에 관한 데이터는 수집하기 어려워서, 비슷한 문제가 발생합니다.

세 번째는 실행 및 구축 단계의 편향으로, 모델을 구축하고 활용하는 과정에서 발생하는 편향입니다. AI 시스템을 설계하고 운영하는 사람들이 의도적으로 또는 무의식적으로 특정한 가정을 세우거나 목표를 설정해서 일어날 수도 있고, 사용 중인 데이터에서 중요한 내용이 제외되어 나타날 수도 있습니다.

마지막으로, 스필오버 효과Spillover effect와 구성composition 문제로 차별이 빚어져서 편향된 결과가 생성될 수 있습니다(이숙연,

251

아시아 사람들이 테이블에 앉아
식사를 하고 있다.

아시아인 남성 둘이 벤치에 앉아
식사를 하고 있다.

사람들이 테이블에 둘러앉아
식사를 하고 있다.

〈그림 3〉 생성된 이미지 설명에서 문화 특성을 제대로 표현하지 못한 사례
(Yun and Kim, 2024)

2024). 알고리즘 자체는 성 중립적으로 설계됐는데 광고시장 등
에서 다른 광고와 경쟁하면서 편향된 광고만 노출되는 상황이 그
한 예입니다.

그 밖에도 다양한 문화를 제대로 표현하지 못하는 문제도 있
습니다. 〈그림 3〉을 보면 이미지 설명이 생성된(이미지 캡션 생성)
결과의 여러 예시가 나오는데요, 현재 많이 사용하는 Blip2 (Li et
al., 2023) 모델로 생성했을 때 서로 다른 문화권 이미지를 거의 동

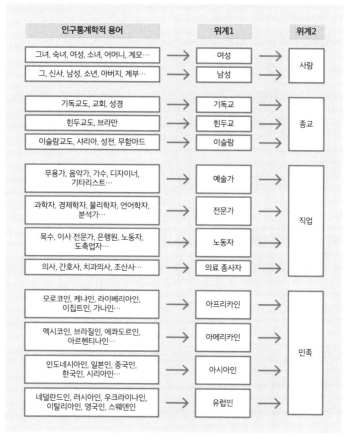

인구통계학적 용어	위계1	위계2
그녀, 숙녀, 여성, 소녀, 어머니, 계모…	여성	사람
그, 신사, 남성, 소년, 아버지, 계부…	남성	
기독교도, 교회, 성경	기독교	종교
힌두교도, 브라만	힌두교	
이슬람교도, 샤리아, 성전, 무함마드	이슬람	
무용가, 음악가, 가수, 디자이너, 기타리스트…	예술가	직업
과학자, 경제학자, 물리학자, 언어학자, 분석가…	전문가	
목수, 이사 전문가, 은행원, 노동자, 도축업자…	노동자	
의사, 간호사, 치과의사, 조산사…	의료 종사자	
모로코인, 케냐인, 라이베리아인, 이집트인, 가나인…	아프리카인	민족
멕시코인, 브라질인, 에콰도르인, 아르헨티나인…	아메리카인	
인도네시아인, 일본인, 중국인, 한국인, 시리아인…	아시아인	
네덜란드인, 러시아인, 우크라이나인, 이탈리아인, 영국인, 스웨덴인	유럽인	

〈그림 4〉 인구통계학적 분류체계(Kirk et al., 2021)

일한 문장으로 설명하는 현상을 볼 수 있습니다. 맨 위에 있는 이미지는 일본 사람들이, 두 번째는 전통의상 차림의 일본 남성들이 식사하는 장면이고, 등장하는 음식도 서로 많이 다릅니다. 마 253

지막 사진은 중국 사람들이고요. 그런데 생성모델이 해당 문화권 사람을 구별할 수 있는 특성을 제대로 잡아내지 못합니다. 그만큼 적절한 다양성을 표현하기 위한 고도화가 필요합니다. 서구권 국가들을 제외한 문화권의 정보와 지식이 부족해서 생성형 AI의 결과물도 각 문화와 관련된 구체적인 내용을 묘사하지 못하는 실정입니다.

〈그림 4〉는 미국 노동청에서 사용하는 인구통계학을 기반으로 나눈 다양한 그룹입니다(Kirk et al., 2021). 성별, 국가, 종교, 인종, 직업, 문화 등에 따라 그룹을 나눌 수 있는데, 그룹별 또는 그룹 사이 관계를 설명하는 정보를 생성할 때 편향성 문제가 생길 수 있습니다.

〈그림 5〉에서는 각 문화를 표현하기 위한 여러 요소를 보여줍니다(Halpern, 1955). 이런 요소는 생성형 AI의 결과물에 나타난 편향과 다양성을 이해하는 도구로 활용할 수 있습니다. 이를테면 〈그림 1〉과 같이 이미지를 생성할 때 다양한 그룹의 문화적 특성인 의상, 행동, 건물 등이 제대로 표현되는지 확인할 수 있습니다.

데이터 편향 이슈와 더불어, 학습 단계에서 편향성을 적절히 처리하지 못한 것도 한 원인입니다. 기존 머신러닝이나 딥러닝 방법들이 데이터 편향성 문제에 별다른 관심을 두지 않았기 때문입니다. 그래서 추가로 학습 과정에서 인간이 피드백을 주는 강화학습(Reinforcement Learning from Human Feedback, RLHF)

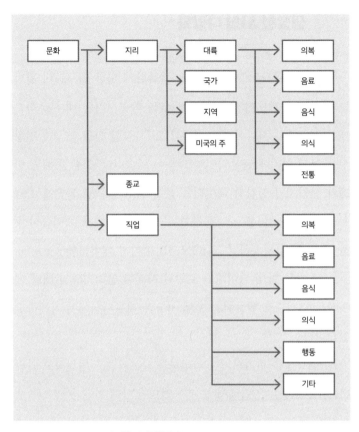

〈그림 5〉 문화적 요소(Halpern, 1955)

(Kaufmann, 2024)을 도입해 사람이 평가하며 AI가 더 알맞은 답변을 찾도록 학습시키기도 하는데, 도리어 여기에도 참여하는 사람의 편견이 반영될 수 있습니다.

생성형 AI의 다양화

편향을 줄이고 다양성을 강화하기 위한 연구들이 활발하게 진행되고는 있지만, 생성형 AI를 학습시키는 데 사용하는 데이터는 주로 사람이 만들어내고, 또 사람인 만큼 누구나 편향성을 안고 있기에 근본적인 어려움이 있습니다. 그렇긴 해도 학계와 산업계가 민감한 데이터를 공개 데이터와 AI 학습에서 제외하는 등 데이터를 재정립하기 위한 활동에 나서고 있습니다. 한 예로, 많이 활용하던 LAION-5B 이미지 데이터셋(Beaumont, 2022)에 아동 학대 이미지가 포함된 사실이 알려지면서 해당 데이터와 그것으로 만들어진 모델 사용을 커뮤니티에서 자제하고 있습니다.

AI 편향성을 평가하거나 측정하는 알고리즘도 발전하고 있습니다. AI 모델을 진단해서 문제가 있으면 아예 관련 콘텐츠를 생성하지 못하도록 대처합니다. 오픈AI, 메타, 구글같이 생성모델을 개발하는 대표적인 기관들은 사용자가 요청하더라도 편향 문제나 오해 소지가 있는 결과에는 모델들이 방어적으로 대응하게끔 꾸준히 검증하고 발전시키고 있습니다.

소수 그룹과 관련된 부족한 데이터나 정보를 보강해 다양한 그룹을 위한 콘텐츠를 적절히 생성하려는 노력도 진행 중입니다. 그렇게 해서 소수 그룹의 다양성을 강화하기 위한 미세 조정

방안들이 대표적인 예입니다. 또한 검색-증강 생성(Retrieval-Augmented Generation, RAG)도(Lewis et al., 2021) 모델이 결과를 생성하기 전에 외부 지식베이스를 참조해서 부족한 정보를 보완하고, 다양성을 강화할 수 있는 방법입니다.

그런데 이렇게 수정을 시도하다가 오히려 왜곡되거나 틀린 정보를 생성하기도 합니다. 구글의 생성형 AI인 제미나이가 아인슈타인 이미지를 흑인으로 표현한 사례도 있었고(제미나이, 2024.07.02. 기준), 메타의 이매진 AI는 미국 식민지 시대 사람들을 아시아 여성으로 묘사해서 역사를 왜곡한 일도 있었습니다(Thorbecke, 2024). 모두 이미지를 생성할 때 다양성을 높이려다가 도리어 틀린 정보를 제시해서 사용자들의 불만을 산 예입니다.

생성형 AI의 다양성을 확보하는 문제는 근본적으로 어려운 과제입니다. 사용자가 요청하기에 따라 AI는 하나 이상의 관점에서 결과를 생성해야 할 수도 있는데, 같은 동양 국가라 하더라도 각국의 관점에 따라 질문을 해석하는 방향이 달라질 수 있습니다. 민감한 이슈인 독도에 관한 질문이 들어온다 치면, 한국과 일본의 관점이 서로 퍽 달라서 두 그룹에 공정한 답변을 적절하게 생성하기란 쉽지 않습니다. 정치·역사적 이유로 지리적 명칭도 신중하게 선택해야 하고요. 사람이 문맥에 따라 관점을 달리해서 답변을 제시하듯, 생성형 AI도 마찬가지일 수 있습니다.

이와 관련하여 더 많은 연구와 시도가 필요합니다. 또한 수많 **257**

은 연구가 발전을 거듭하더라도 편향성 문제는 말끔히 사라지지 않을 터이기에, 문제점을 꾸준히 찾아내고 개선해나가야 할 것입니다. 사용자와 개발자도 함께 고민하며 해결 방안을 공유해야겠죠.

AI 교육과 다양성 이슈

최근 들어 인공지능 교육 프로그램이 속속 생기고 있습니다. 주로 학교와 교육기관에서 다양한 사용자층을 위한 교육을 진행하는데, 정규교육뿐만 아니라 산업계 종사자를 대상으로 한 교육도 활발해지는 추세입니다. 아직은 많은 교육 프로그램이 인공지능 윤리를 중요하게 여기지는 않지만, AI 기술을 개발하고 사용하는 사람들이 갖춰야 할 윤리적인 태도는 생성형 AI의 편향을 줄이고 다양성을 확보하는 데 매우 중요한 결정조건입니다.

AI 연구자와 엔지니어들이 AI 기술을 개발하고 배포하는 과정에서 윤리적 측면을 고려하는 자세는 매우 중요할뿐더러 모든 AI 교육의 필수 과정이 돼야 한다고 생각합니다. 현재는 AI가 컴퓨터공학의 한 영역이기에, 주로 수학과 통계학이 기반이 된 공학적 측면을 토대로 AI의 요소와 모델들을 교육합니다. 하지만

AI가 다양한 생활 영역에 영향을 미치는 만큼, 생성 결과의 편향처럼 이전에 개발자들이 미처 고려하지 못하던 AI 관련 이슈들을 이해할 필요가 있습니다. 2020년 한국 정부는 인공지능 윤리 기준을 마련하고 3대 기본 원칙과 10대 핵심 요건을 발표했는데(과기정통부, 2020.12.23), 3대 기본 원칙은 '인간성Humanity'을 위한 인간의 존엄성, 사회 공공선, 기술 합목적성이고, 10대 핵심 요건은 인권 보장, 프라이버시 보호, 다양성 존중, 침해 금지, 공공성, 연대성, 데이터 관리, 책임성, 안전성, 투명성입니다. 3대 기본 원칙을 실천하고 이행할 수 있도록 AI를 개발하고 활용하는 과정에서 10대 핵심 요건을 충족해야 하는 거죠. 이런 내용은 물론 IEEE전기전자공학자협회, ACM계산기협회, EU 등의 가이드라인도 참고해서 학습해야 합니다. 그렇게 해서 AI를 개발하고 개선하는 분야와 관련된 공학적 교육 영역을 넘어 학습자들이 사회적 영향과 책임, 법적 규제, 데이터 윤리같이 다양한 AI 관련 영역의 주요 개념을 이해할 수 있도록 이끌어야 할 것입니다. 기술을 상용화할 때 AI 사용에 따르는 법적 리스크와 사용자들을 보호하기 위해 고려할 점도 물론 교육해야 합니다.

인공지능 윤리 교육은 이 기술을 활용하는 사용자에게도 필요합니다. 다양한 범위의 기술 사용자들이 있을 수 있는데, AI의 이해도와 사용 목적에 따라 적절한 교육 프로그램이 개발돼야 할 것입니다. 개인 사용자라면 AI 결과물의 편향과 할루시네이션 같은 이슈를 미리 인지하고 활용 범위를 선택할 수 있도록 도와주어야 합니다. 또한 딥페이크 기반 음란 동영상처럼 AI를 악용해서 생성된 부적절한 결과와 마주쳤을 때 서비스 이용자로서 어떻게 행동해야 하는지를 안내하는 지침사항도 필요합니다.

인공지능 편향 이슈는 결국 이해하기 어렵고 투명하지 못한 AI 생성 프로세스의 결과물을 신뢰하는 문제와 직접적인 관련이 있습니다. IEEE에서 제시한 AI 개발의 윤리적 설계 지침(IEEE, 2024)처럼 AI 기술을 개발하는 과정에서 참고할 만한 가이드가 여럿 나오고 있습니다. AI 서비스 개발의 구성요소(데이터 관리, 알고리즘과 모델 개발, 서비스 구현 단계 등)와 AI 서비스를 운영하는 과정(도입, 모니터링, 유지 보수, 안정성 확보 등)에서 각각의 요소와 절차마다 분석하고, 신뢰성을 확보하기 위해 유의할 점을 챙길 수 있게 도와줍니다. 여기서 더 나아가 생성 결과의 편향 이슈 같은 문제를 줄이기 위한 새로운 해결책이 개발됐을 때 효율적으로 검토하고 도입할 수 있도록 정리된 개발 프로세스도 준비해야 할 것입니다.

이 모든 과정에는 다양한 이해관계자들의 참여와 의견 수렴도 필요합니다. 한국에서도 국가 차원의 인공지능위원회가 설립됐으니 관련 기관들과 함께 윤리 문화를 조성하고, AI 기술 개발이 지체되지 않고도 문제점을 최소화할 수 있도록 소통과 노력을 멈추지 않아야 할 것입니다. 여기에는 교육자, 법률가, AI 기술 및 서비스 개발자, AI 서비스 사용자, 정부 담당을 아우르는 다양한 부문의 대표자들이 참여해야 할 것입니다.

참고문헌

프롤로그_인간 중심의 AI 생태계를 위하여

Addressing bias in big data and AI for health care: A call for open science

Bias in Generative AI: Types, examples, solutions (https://indatalabs.com/blog/generative-ai-bias)

Challenging systematic prejudices: an investigation into bias against women andgirls in large language models https://unesdoc.unesco.org/ark:/48223/pf0000388971

Dissecting racial bias in an algorithm used to manage the health of populations (https://www.science.org/doi/10.1126/science.aax2342)

Ethics of Artificial Intelligence https://www.unesco.org/en/artificial-intelligence/recommendation-ethics

Fairness in Hiring: Mitigating Bias in Recruiting Algorithms. https://www.linkedin.com/pulse/fairness-hiring-mitigating-bias-recruiting-algorithms-kris-clelland/

Fennel, AI in Recruitment statistics UK, https://standout-cv.com/stats/ai-in-recruitment-statistics-uk

Gender bias concerns raised over GP app https://www.publictechnology.net/2019/09/13/health-and-social-care/gender-bias-concerns-raisedover-gp-app/

Joy Buolamwini & Timnit Gebru, Gender Shades: Intersectional Accuracy Disparitiesin Commercial Gender Classification, *Proceedings of Machine Learning Research* 81:1 - 15, 2018 https://proceedings.mlr.press/v81/buolamwini18a/buolamwini18a.pdf

Police Facial Recognition Technology Can't Tell Black People Apart, SCI AM,2023.5.18 https://www.scientificamerican.com/article/police-facial-recognition-technology-cant-tell-black-people-apart/https://pmc.ncbi.nlm.nih.gov/articles/PMC7575263/

Reflections before the storm: the AI reproduction of biased imagery in globalhealth visuals, *THE LANCET Global Health*, Vol.11, Issue 10, Oct. 2023 https://www.marketsandmarkets.com/Market-Reports/facial-recognition-market-995.html

https://www.congress.gov/bill/117th-congress/house-bill/3907/text?r=7&s=1

https://pmc.ncbi.nlm.nih.gov/articles/PMC8515002/

https://www.bloomberg.com/news/articles/2023-06-01/chatgpt-to-fuel-1-3-trillion-ai-market-by-2032-bi-report-says

1 생성형 AI 기술 발전은 접근성 강화의 기회다

A. Bugtan. Usinng AI to Empower People with Disabilities. Retrieved from Microsoft On The Issues (2018).

Andrew A. Bayor, Margot Brereton, Laurianne Sitbon, Bernd Ploderer, Filip

263

Bircanin, Benoit Favre, and Stewart Koplick. Toward a Competency–Based Approach to Co–Designing Technologies with People with Intellectual Disability. *ACM Trans. Access. Comput.* 14, 2, Article 6 (jul 2021), 33 (2021).

Aqueasha Martin–Hammond, Ulka Patil, and Barsa Tandukar. A Case for Making Web Accessibility Guidelines Accessible: Older Adult Content Creators and Web Accessibility Planning. In Proceedings of the 23rd International ACM SIGACCESS Conference on Computers and Accessibility (Virtual Event, USA) (ASSETS '21). *Association for Computing Machinery,* New York, NY, USA, Article 34, 6 (2021).

be my eyes. https://www.bemyeyes.com/ (2024).

David F. Carr. ChatGPT's Growth Begins to Flatten, up 12.6% from March to April. https://www.similarweb.com/blog/insights/ai–news/chatgpt–growth–flatten/ (2023).

Francesco Amore, Valentina Silvestri, Matteo Guidobaldi, et al. Efficacy and Patients' Satisfaction with the ORCAM MyEye Device Among Visually Impaired People: A Multicenter Study. *Journal of Medical Systems* 47, 11, 1 – 8 (2023).

Geoffrey M. Currie. Academic integrity and artificial intelligence: is Chat–GPT hype, hero or heresy? https://doi.org/10.1053/j.semnuclmed.2023.04.0 (2023).

Google Gemini. https://gemini.google.com/app (2024).

I–Stem. https://www.inclusivestem.org/ (2024).

Kubullek, A. K., & Dogangün, A. Creating Accessibility 2.0 with Artificial Intelligence. *In Proceedings of Mensch und Computer* 2023, 437 – 441 (2023).

Mentra. https://zammo.ai/ (2024).

NWEA AI. https://www.nwea.org/ (2024).

OpenAI. https://platform.openai.com/playground?mode=chat&model=gpt-4o
(2024)

Saminda Sundeepa Balasuriya, Laurianne Sitbon, Andrew A. Bayor, Maria Hoog-
strate, and Margot Brereton. Use of Voice Activated Interfaces by People
with Intellectual Disability. In Proceedings of the 30th Australian Confer-
ence on Computer-Human Interaction (Melbourne, Australia) (OzCHI '18).
Association for Computing Machinery, New York, NY, USA, 102-112
(2018).

Saminda Sundeepa Balasuriya, Laurianne Sitbon, Jinglan Zhang, and Khairi
Anuar. Summary and Prejudice: Online Reading Preferences of Users with
Intellectual Disability. In Proceedings of the 2021 Conference on Human
Information Interaction and Retrieval (Canberra ACT, Australia) (CHIIR '21).
Association for Computing Machinery, New York, NY, USA, 285-289
(2021).

Seeing AI. https://www.seeingai.com/ (2024).

Shadi Abou-Zahra, Judy Brewer, and Michael Cooper. Artificial Intelligence (AI)
for Web Accessibility: Is Conformance Evaluation a Way Forward?. In Pro-
ceedings of the 15th International Web for All Conference (Lyon, France)
(W4A '18). *Association for Computing Machinery*, New York, NY, USA,
Article 20, 4 (2018).

SUMM AI. Leichte Sprache auf Knopfdruck! - Mit unserem KI-basierten Tool
jeden komplizierten Text mit einem Klick barrierefrei und verständlich
machen (2023).

Zammo.ai. https://zammo.ai/ (2024).

천철훈, 남원석. 보행장애 요소 정보 수집 방법 개선을 위한 배리어프리지도 지   **265**

형측정기 디자인 체크리스트 개발. 〈한국디자인리서치학회〉, 7(4), 226-235 (2022).

장애인 디지털 접근성 제고 정책 토론회. https://www.ohmynews.com/NWS_Web/View/at_pg.aspx?CNTN_CD=A0002987935&CMPT_CD=P0010&utm_source=naver&utm_medium=newsearch&utm_campaign=naver_news (2023)

Web Seoul Lab. 웹접근성의 이해. http://www.websoul.co.kr/accessibility/necessity.asp (2024).

2 AI 기술의 가능성은 익숙한 것과의 결별로부터

7 in 10 Companies Will Use AI in the Hiring Process in 2025, Despite Most Saying It's Biased, 2024.10.22. https://www.resumebuilder.com/7-in-10-companies-will-use-ai-in-the-hiring-process-in-2025-despite-most-saying-its-biased/

Angwin, J., Larson, J., Mattu, S., Kirchner, L. *Machine bias. In Ethics of data and analytics.* Auerbach Publications. 254-264 (2016).

Banh, L., Strobel, G. Generative artificial intelligence. *Electronic Markets,* 33(1), 63 (2023).

Brian Bushard, Google Apologizes For Inaccurate Gemini Photos: Tried Avoiding 'Traps' Of AI Technology, *Forbes,* Feb 23 (2024)

Corbett-Davies, S., Pierson, E., Feller, A., Goel, S. A computer program used for bail and sentencing decisions was labeled biased against blacks. It's actually not that clear. *Washington Post,* 17 (2016).

Dastin, J. . Amazon scraps secret AI recruiting tool that showed bias against women. *In Ethics of data and analytics.* Auerbach Publications. 296–299 (2022)

Garg, N., Schiebinger, L., Jurafsky, D., & Zou, J (2018). Word embeddings quantify 100 years of gender and ethnic stereotypes. *Proceedings of the National Academy of Sciences*, 115(16), E3635–E3644.

Sudmann, A. The democratization of artificial intelligence. *Net politics in the era of learning algorithms.* Transcript, Bielefeld (2019).

The Foundation Model Transparency Index Total Scores, May 2024. https://crfm.stanford.edu/fmti/May-2024/

Yin, S., Fu, C., Zhao, S., Li, K., Sun, X., Xu, T., Chen, E. *A survey on multimodal large language models.* arXiv preprint arXiv:2306.13549 (2023).

Zhao, J., Ding, Y., Jia, C., Wang, Y., Qian, Z. . *Gender Bias in Large Language Models across Multiple Languages.* arXiv preprint arXiv:2403.00277 (2024).

Zhao, W. X., Zhou, K., Li, J., Tang, T., Wang, X., Hou, Y., ..., Wen, J. R. . *A survey of large language models.* arXiv preprint arXiv:2303.18223 (2023).

에릭 홉스봄. 장문석·박지향 옮김.《만들어진 전통The Invention of Tradition》. 휴머니스트 (2004).

우치다 타츠루. 이경덕 옮김.《푸코, 바르트, 레비스트로스, 라캉 쉽게 읽기寢なが ら學べる構造主義》. 갈라파고스 (2010).

3 다양성을 위한 AI, 넘어야 할 과제들

Christian, Brian. *The Alignment Problem: Machine Learning and Human Val-*

ues. W.W Norton & Company (2020).

Kleinberg, Jon, Sendhil Mullainathan, and Manish Raghavan. "Inherent Trade-Offs in the Fair Determination of Risk Scores." *arXiv*:1609.05807v2 (2016).

Chen, Le, Alan Mislove, and Christo Wilson. "An Empirical Analysis of Algorithmic Pricing on Amazon Marketplace." *Proceedings of the 25th International Conference on World Wide Web* (2016).

OECD. *Algorithms and Collusion: Competition Policy in the Digital Age* (2017).

The Economist. "An Understanding of Limitations of AI's Is Sink In." (2020.6.11.).

김건우. "알고리즘으로 움직이는 경제 디지털 카르텔 가능성 커진다." LG경제연구원 (2017).

마이클 키언스·아론 로스. 이정표 옮김. 《알고리즘 윤리: 안전한 인공지능 알고리즘 설계 기법Ethical Algorithm: The Science of Socially Aware Algorithm Design》, 에이콘 (2021).

캐럴라인 크리아도 페레즈. 황가한 옮김. 《보이지 않는 여자들Invisible Women: Exposing Data Bias in a World Designed for Men》. 웅진지식하우스 (2020).

캐시 오닐. 김정혜 옮김. 《대량살상 수학무기Weapons of Math Destruction》. 흐름출판 (2017).

4 AI 다양성 관점에서 혁신 전략을 묻다

Boden, M. *The Creative Mind: Myth and Mechanism*, Routledge, London and New York (2004).

Rogers, Everett M., *Diffusion of Innovations* (1961).

Schilling, Melisa A., *Strategic Management of Technological Innovation* (2023).

神野正史, ゲームチェンジの世界史 (2022).

鈴木正彦/末光隆志, 利他の生物学 - 適者生存を超える進化のドラマ (2023).

Gartner, Hype Cycle for Artificial Intelligence (2023).

ML4Devs, The Rise of ChatGPT: Separating Hype from Reality: What ChatGPT can and can't do for you, and how to make it your friend rather than foe.

https://www.ml4devs.com/newsletter/019-chatgpt-generative-ai-large-language-model/Tortoise, The Global AI Index,

https://www.tortoisemedia.com/intelligence/global-ai/

Writerbuddy, https://writerbuddy.ai/blog/ai-indusry-analysis

5   지속 가능한 AI 다양성을 위한 체크리스트: PC, 과다양성, 감정 획일화

Brinkmann, Levin, et al. "Machine culture." *Nature Human Behaviour* 7.11 (2023): 1855-1868.

Castells, Manuel. *The power of identity*. John Wiley & Sons (2011).

Chen, Lingjiao, Matei Zaharia, and James Zou. "How is ChatGPT's behavior changing over time?." *arXiv preprint arXiv*:2307.09009 (2023).

Emelin, Denis, et al. "Moral stories: Situated reasoning about norms, intents, actions, and their consequences." *arXiv preprint arXiv*:2012.15738 (2020).

Grant, A. J. "DIGITAL TRIBALISM AND THE INTERNET OF THINGS: CHALLENGES AND OPPORTUNITIES." *Issues in Information Systems* 21.2 (2020).

Kwon, Eunrang, Jinhyuk Yun, and Jeong-han Kang. "The effect of the COVID-19 pandemic on gendered research productivity and its correlates." *Journal of Informetrics* 17.1: 101380 (2023).

Lansky, Sam. "2023 PERSON OF THE YEAR: Taylor Swift." *Time* (2023.12.06).

Perrigo, Billy. "OpenAI Used Kenyan Workers on Less Than $2 Per Hour to Make ChatGPT Less Toxic." Time (2023.01.18).

Shirky, Clay. *Here comes everybody: The power of organizing without organizations*. Penguin (2008).

애덤 스미스. 박세일·민경국 옮김.《도덕감정론》. 비봉출판사 (2009).

강정한·송민이. "탈진실 시대 서사복원적 데이터 마이닝의 필요성과 방법론", 《한국사회학》 57.2 : 89-130 (2023).

김두얼. "AI에 패배한 바둑, AI 이용해 활로 찾았다." 〈중앙일보〉 (2023.06.13).

박찬. "최예진 워싱턴대학 교수 '맥아더 펠로십' 수상", 〈AI타임즈〉 (2022.10.13).

이유진. "조경현 뉴욕대학 교수, 삼성호암상 상금 1억 어머니 이름으로 KAIST 기탁." 〈HelloDD〉 (2021.06.30).

임지선. "빌 게이츠도 감탄한 최예진 교수 '생성형 AI 학습 데이터 공개해야'." 〈한겨레〉 (2024.02.20).

정병일. "AI는 '물먹는 하마'…… 챗GPT 대화 한 번에 물 500ml 필요." 〈AI타임즈〉 (2023.04.12.).

6 AI 시대는 어떤 학문과 인재를 원하는가

Durmus, Murat. "Artificial Intelligence if highly interdisciplinary!." *AISOMA AG* https://www.youtube.com/watch?v=Tua1OFiKMXY (2020).

Gatner. Top 10 Strategic Technology Trends for 2024 (2023).

Martins, Luis L., and Wonbin Sohn. "How does diversity affect team cognitive processes? Understanding the cognitive pathways underlying the diversity dividend in teams." *Academy of Management Annals* 16.1 : 134-178 (2022).

Mays, David C. "How diversity makes better engineering teams." *Journal AWWA* 114.7 (2022).

OECD. OECD Digital Economy Outlook 2024 (2024).

Toffler, Alvin. "The third wave." *New York: Morrow* 544 (1980).

Will. AI for everything : 10 Breakthrough Technologies 2024. *MIT Technology Review* (2024).

곽진선. "미래 첨단기술 산업 인력 양성 방안 연구: 지식구조 및 소프트스킬을 중심으로."《기업교육과인재연구》25.1 : 87-115 (2023).

뉴시스. "미래학자 토마스 프레이, AI로 새 일자리 더 많이 생긴다." (2024.06.01.).

염재호.《개척하는 지성》. 나남 (2018).

이민형.《혁신국가를 향한 과학기술 혁신시스템의 대전환》. 다인기획 (2023).

이정모.《인지 과학: 학문 간 융합의 원리와 응용》. 성균관대학교 출판부 (2009).

이정모. "인지과학: 학문간 융합과 미래". 53-71 (2010).

7 AI 혁신을 촉진하는 다양성과 포용성

Simon Schaffer 2009, 'Newton on the Beach: The Informatiion Order of Principia Mathematica', History of Science, 47(3): 243-276.

대런 아세모글루·사이먼 존슨. 김승진 옮김.《권력과 진보:기술과 번영을 둘러싼 천년의 쟁투Power and Progress: Our Thousand-Year Struggle Over Technology and Prosperity》. 생각의힘 (2023).

데이바 소벨. 장석봉 옮김.《코페르니쿠스의 연구실:우주의 역사를 뒤바꾼 위대한 상상의 요람A More Perfect Heaven: How Copernicus Revolutionized the Cosmos》. 웅진지식하우스 (2012)

롭 라이히·메흐란 사하미·제러미 M. 와인스타인. 이영래 옮김.《시스템 에러: 빅테크 시대의 윤리학System Error: Where Big Tech Went Wrong and How We Can Reboot》. 어크로스 (2022).

스튜어트 러셀. 이한음 옮김.《어떻게 인간과 공존하는 인공지능을 만들 것인가:AI와 통제 문제Human Compatible: Artificial Intelligence and the Problem of Control》. 김영사 (2021)

이중원·홍성욱 외.《과학과 가치: 테크노사이언스에서 코스모테크닉스로》. 이음 (2023).

토머스 헤이거. 홍경탁 옮김.《공기의 연금술The Alchemy of Air: A Jewish Genius, a Doomed Tycoon, and the Scientific Discovery That Fed the World But Fueled the Rise of Hitler》. 반니 (2015).

피터 갤리슨. 김재영·이희은 옮김.《아인슈타인의 시계, 푸앙카레의 지도:시간의 제국들Einstein's Clocks, Poincare's Maps: The Empires of Time》. 동아시아 (2017).

8 세상을 바꾸는 AI, 오늘 마주한 질문과 우려: 정치·경제·사회·기술·환경 및 법률적 고려사항과 도전과제

Aguilar, F.J. "Scanning the business environment" (1967)

David Patterson et al. "Carbon Emissions and Large Neural Network Training" (2021)

EU. "The EU Artificial Intelligence Act" https://artificialintelligenceact.eu/

골드만삭스. "Generative AI could raise global GDP by 7%" (2023.04.05) https://www.goldmansachs.com/insights/articles/generative-ai-could-raise-global-gdp-by-7-percent

올리버와이만. "How Generative AI is Transforming Business and Society" (2024.02.15.)

9 편향과 선입견을 넘어 AI의 미래를 준비하다

Beaumont, R. https://laion.ai/blog/laion-5b/ (2022).

ChatGPT. https://openai.com/index/chatgpt/ (2024.07.02.).

ChatGPT. ttps://community.openai.com/t/the-ai-that-draws-what-you-type-is-very-racist-shocking-no-one/16825 (2022).

Dastin, Jeffrey. https://www.reuters.com/article/idUSKCN1MK0AG/ (2018).

EU. '인공지능 규제법(AI Act)' 통과의 의미와 시사점 https://www.inss.re.kr/publication/bbs/ib_view.do?nttId=41037112&bbsId=ib&page=1&searchCnd=0&searchWrd= (2024.03.25.).

GEMINI OCTOPUS. https://geminioctopus.com/products/bookend-einstein-black (2024).

Halpern, B. The Dynamic Elements of Culture. Ethics, 65(4): 235,249 (1955).

Li, Junnan, Li, Dongxu, Savarese, Silvio, and Hoi, Steven, "BLIP-2: Bootstrapping Language-Image Pre-training with Frozen Image Encoders and Large Language Models", *Proceedings of the 40th International Conference on Machine Learning* (2023). https://arxiv.org/pdf/2301.12597

Liu, Zhixuan, Schaldenbrand, Peter., Okogwu, Beverley-Claire., Peng, Wenxuan., Yun, Youngsik., Hunt, Andrew., Kim, Jihie., and Oh. Jean., "SCoFT: Self-Contrastive Fine-Tuning for Equitable Image Generation." *Proceedings of the IEEE/CVF International Conference on Computer Vision* (2024). https://arxiv.org/pdf/2401.08053.pdf

Kaufmann, Timo., Weng, Paul., Bengs, Viktor., Hullermeier, Eyke. *A Survey of Reinforcement Learning from Human Feedback* (2024).https://arxiv.org/abs/2312.14925

Kirk, H.R., Jun, Y., Iqbal, H., Benussi, E. Volpin, F., Dreyer, F. A. Shtedritski, A. Asano, Y. M., , Out-of-the-Box: *An Empirical Analysis of Intersectional Occupational Biases in Popular Generative Language Models, th Conference on Neural Information Processing Systems* (NeurIPS 2021).

IEEE. Ethically Aligned Design.https://standards.ieee.org/wp-content/uploads/import/documents/other/ead_v2.pdf (2024).

"JinKyu Lee, and Jihie Kim. "Improving Commonsense Bias Classification by Mitigating the Influence of Demographic Terms" *IEEE Access*. (2024).

Lewis, P., Perez, E., Piktus, A., Petroni, F., Karpukhin, V., Goyal, N., Kuttler, H., Lewis, M., Yih, W., Rocktaschel, T., Riedel, S., Kiela D. . *Retrieval-Augmented Generation for Knowledge-Intensive NLP Tasks*, 34th Conference on Neural Information Processing Systems (NeurIPS 2020) (2022).

Marget Analysis Report, https://www.grandviewresearch.com/industry-analysis/generative-ai-market-report (2024).

Microsoft Annual Report , https://www.microsoft.com/investor/reports/ar23/index.html?trk=article-ssr-frontend-pulse_little-text-block (2023).

Microsoft Copilot+ PCs, https://www.microsoft.com/en-us/windows/copilot-plus-pcs?r=1 (2024).

Nicoletie, Leonardo. https://www.bloomberg.com/graphics/2023-generative-ai-bias/ (2023).

Rombach, Robin, et al. "High-resolution image synthesis with latent diffusion models." *Proceedings of the IEEE/CVF conference on computer vision and pattern recognition*. 2022. https://arxiv.org/pdf/2112.10752.pdf

Thorbecke, Catherine. https://edition.cnn.com/2024/04/04/tech/meta-ai-image-generator-interracial-couples/index.html (2024).

Vaswani, Ashish., et al. "Attention is all you need." Advances in neural information processing systems 30. https://arxiv.org/abs/1706.03762 (2017).

Yun, Youngsik and Kim, Jihie. *CIC: A framework for Culturally-aware Image Captioning, International Joint Conference on Artificial Intelligence* (IJCAI) (2024).

과학기술정보통신부. "사람 중심이 되는 '인공지능(AI) 윤리 기준' 마련" (2020. 12. 22.). https://www.msit.go.kr/bbs/view.do?sCode=user&mPid=112&mId=113&bbsSeqNo=94&nttSeqNo=3179742

미국 상무부. Department of Commerce Announces New Actions to Implement President Biden's Executive Order on AI (2024.04.29.). https://www.nist.gov/news-events/news/2024/04/department-commerce-announces-new-actions-implement-president-bidens

이숙연, "인공지능은 무죄인가: 젠더편향과 딥페이크 문제 및 그 해결 방안 모색", 2024년 한국젠더법학회 춘계학술대회 (2024).

참고문헌

GISTeR 한국과학기술젠더혁신센터
Gendered Innovations

GISTeR는 과학기술정보통신부의 지원을 받아 2021년 설립된 젠더혁신 교육 및 정책 연구 기관입니다. 본 기관은 성별 등 특성을 과학기술 연구 전반에 통합하여 새로운 가치를 창출하는 젠더혁신(Gendered Innovations)을 선도·확산하고 있으며, 과학기술 연구개발(R&D) 분야의 포용성과 공정성을 높이고자 우수한 연구를 지원합니다. GISTeR는 정책 연구, 인식 제고 및 역량 강화, 국제 네트워크 확대를 통한 지속가능한 젠더혁신 생태계 구축 등을 핵심 가치로 설정하고 다양한 활동을 하고 있습니다.

홈페이지

유튜브

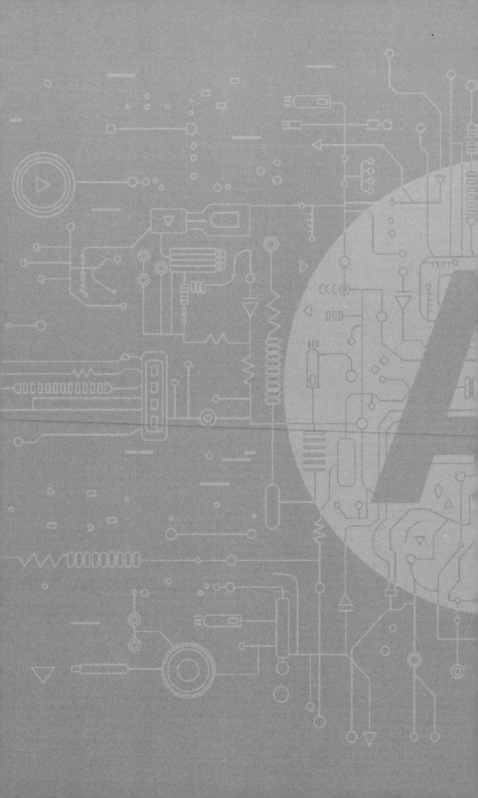